わが子を「心が折れない子ども」に育てる方法

水野まさこ

同文舘出版

Introduction

次のような想いを感じたことのあるお母さん。
ぜひ、本書を読んで、子どもの心について考えてください。

子どもをほめるように努めているお母さん

ほめてやる気を出させると、うまくいくのは事実
「ほめて伸びるタイプ」は実際に多くいる
叱ってばかりでは、うまくいかないのも現実
だから、ほめる子育てをめざしています
ところが……、ほめてもらえないことがあるのも世の中

雨の日より、晴れの日が好きなお母さん

雨の日は、ぬれるので、うっとうしい
傘がいることも、めんどう
暗い雨の日より、明るい晴れの日のほうがいい

だから、雨の日なんて、なければいいのに

ところが……、雨の日に、草は伸びる、伸びる

「うちの子、心が弱い」と思っているお母さん

うちの子の泣く顔を知っている
泣き声だって、耳に残っている
うちの子の弱音を聞いたことがある
だから、うちの子は弱いって思っている

ところが……、「弱いから終わり」ということはありません

心が折れそうになったことがあるお母さん

世の中、うまくいかないことが多い
それに、人間関係って難しい
自分ばかりが運が悪いような気がしている
だから、心が折れそうになることは、みじめなこと?

ところが……、そういうことがあって、今のお母さんになれたんですよね

Introduction

「大丈夫だよ」「大丈夫です」と時々口に出すお母さん

子どもを励ましているんですよね
やさしい人間関係づくりをしているんですよね
自分に言い聞かせているんです
だから、「大丈夫」と言いたくなります

ところが……、「大丈夫じゃない！」と言いたい時もありますね

人生には乗り越えなくてはいけない「ヤマ」が、
大なり小なりたくさんあります。
それは、子どもの世界も同じ。
それを乗り越えていける子、心が折れても大丈夫な子になって、
将来、自立した人間になってほしい――
お母さんの願いと心配を、家庭と日常生活で、対策・予防していきましょう。

わが子を「心が折れない子ども」に育てる方法　もくじ

Introduction

プロローグ

心が折れそうな子どもと向き合う

1章

当たり前になった現代の生活で、子どもの心が折れやすくなった

2章

自分で生きていける力をつける

3章

動く力となる「体」を整える

4章

支えたり支えられたりする「心」を育む

5章

困ったことを解決する「智恵」を練る

6章

わが子の心が折れても大丈夫
——親ができること

7章

まずは心が折れない親になる方法

エピローグ

心が折れようが折れまいが、子どもって愛しい

カバーデザイン
本文デザイン・DTP　松好那名（matt's work）
カバーイラスト　亀澤裕也

プロローグ

心が折れそうな子どもと向き合う

1 子どもの心が折れているのを、感じて、近づいてきて、向き合って

「この子、どうしちゃったのかしら？　このままずっと私がめんどうをみるの？」

小学校高学年を担任していた時、クラスのAさんが私にくっついて離れなくなってしまいました。「子どもに慕われる教師」なんて誇らしい光景ではなく、戸惑いばかりです。ついには私の家にまで居座ることになってしまい、私が抱え込むことになりました。

もちろん、家庭訪問を何度もして、親さんとも話し合いました。とても心根のやさしいきちんとした親さんです。しかし、親子の間に行き違いがあったのか、Aさんにいろいろな出来事がありすぎたのか、とにかくAさんは日常生活がふつうに送れなくなってしまったのです。

小学生なのに鉛筆を久しく握ったこともなく、学校では暴れ、家庭では孤立してい

るようでした。Aさんは心が折れてしまっていたのです。

Aさんは3年生の時から、ある出来事をきっかけに転校を繰り返していました。そして私のクラスにやってきました。私はその時、担任を持ちながら生徒指導も担当していたので、Aさんは私のクラスにきたのでしょう。


このAさんとの出会いから私は、「心が折れた子ども」「心が折れそうな子ども」を意識しはじめました。子どもって、日常生活が送れないくらい心が折れてしまうことがあるんです。大勢の子どもと接する小学校の現場教師だからこそ、感じてきました。それに、子どものほうから、なんとかしてもらいたくって本能のごとく近づいてきたのでしょう。私は向き合わざるを得なかったのです。

心が折れた子でも、元に戻れる・戻せる方法がある

「楽しかった〜。先生、遊んでもらったよ」

あれだけ私にべったりで、他の人には無表情か暴力的になってしまうAさんが、なんと穏やかな笑顔で、一時私から離れたことがありました。それは、心理学系の研修

会場での出来事でした。

私が参加する研修会場にまでAさんがついてきた姿を見かねたのか、受付の方がAさんに声をかけ、なんと丸1日、研修中ずっと遊んでくださったのです。

その後の研修会で、みなさんにAさんのことを相談すると、「時期がきたら、その子は離れていくから大丈夫ですよ。そういう事例が他にもありました」と教えてくださり、やがてその通りになったのです。

1年ほどかかりましたが、Aさんはちゃんと私から離れ、今ではたまに「ただいま～」と言ってわが家に立ち寄るくらい落ち着きました。


この出来事をきっかけに私は、心理学を学び、カウンセラーの資格も取り、心理学を拠り所にして多くの子どもたちやお母さん方と接するようになります。

そうなるとますます呼び寄せてしまうのか、心が折れそうな子どもや親さんと出会うことが多くなりました。


そして今、私は学校教師を卒業し、個別にそして家庭に入り込んで、子どもや親さんに対して、学力向上を核にして指導・支援しています。

心が折れる前の子育てがポイント　3歳から9歳がいい

心が折れた子には、大人がちゃんと向き合えば、なんとかなるものです。

また、Aさんと遊んでくれた受付の方のように、対応方法がわかっていれば、子どもから向き合ってきてくれます。しかし、子どもによっては元に戻るまで、時間がかかったり、いろいろな対策が必要であったりします。

そこで、そうなる前の子育てがポイントになります。心が折れてからあわてるのではなく、親が準備し、予防もできるということです。

それは、感情が育ってくる3歳頃から、人の感情を考えられる芽が出てくる9歳までぐらいがいいのです。この時期にぜひ、親は子どもの心が折れることについてちょっと意識した子育てができるといいですね。

2 わが子の心が折れることへの備えがなかった私

「うちの子、心が弱いんです。小さなことを気にしすぎるし……。でもそれって、私が仕事に没頭してかまってあげなかったからだ……」

こう思ったのは、私自身です。教師は、担任を受けもった子どものことは熱心にめんどうをみるのに、わが子には「なんとかなる」と思ってしまう人が多いのです。

そのサンプルみたいな私でした。それも、わが子のことを気が弱いと決めてかかったり、親である自分の責任だと結論づけたりして、そこで思考停止していました。

「どうしよう、うちの子がヘンになっていく……」

「わが子の心がヘン」「心が折れそう」と思いはじめたのは、中学に入ってすぐのことでした。きっかけは、私立中学の入試に落ちたことです。その時は、この子にとって初めての試験だし、落ちることも体験のうち、と思っていました。

しかし、結果発表の数日後、「面接の先生たちは、僕のことを必要ないって思ったってことだよね」と、わが子が気になる言葉を言いました。私の心がちょっとざわつきました。

そしてその数週間後、まずわが子の体調が変になりました。受験に落ちた後、評判のよい塾へ行かせたのですが、塾へ行く前にトイレ、着いて車から降りるとトイレ、塾に入るとトイレ……。

でもわが子は、塾が嫌だとは言いません。だから私は、いつか慣れるだろうと思っていました。しかし、いつまでも、いつまでも、いつも、いつもトイレばかり。私の心がまたざわつきはじめました。それで塾をやめさせました。

しかし異変は、塾だけではすみませんでした。中学校に通いはじめるとよく暴力を振るわれ、いじめられやすい子になっていました。殴られ、レントゲンを撮らなければならないようなことも数回ありました。子どもに状況を聞くと、「目が合ったから」というぐらいで、これといった原因は言いませんでした。

そしてさらに変な様子は続き、楽しいはずの修学旅行も参加をしぶり、送り出すのが大変だったり、ついには「今日から学校へは行かない」と言い出したりして、私の心はもう、ざわざわどころではなくなりました。

その頃から、「うちの子がヘン」から「うちの子、いつか心が折れるかもしれない」と思うようになり、さらに「心が折れたら、この子はこの先やっていけるのか？　私はどうしたらいいの？」と、自分まで心が折れそうになりました。

心が折れそうになることはあり得ること

親や友だちや社会との付き合いがうまくいかない、受験の失敗など、子ども時代にも人生の「ヤマ」は訪れます。

前述のAさんも、親さんとの関係やまわりの人の誤解、レッテルを貼られるなどの「ヤマ」を乗り越えねばならなかったのです。

子どもの世界にも、大変なことはゴロゴロあります。ですから子どもにとって、心が折れることも、特別なことではありません。

しかし、親は責任を感じ、わが子の全人格に及んで「うちの子、心が弱いんです」

と決めてかかってしまいます。この流れ、私自身もそうでしたが、よくあるのです。

子どもたちが大勢集まってくる学校にいると、この一連の流れをよく見ます。「世の中、困ることがゴロゴロあるから、子どもの心が折れることはあり得ること」、こう思えることが、まず対応の第一歩となり、力となるのです。

3 子どもの心が折れるということ

「子どもって本当に心が折れるの？　そんな子、見たことがないんですけど……」

と、あるお母さんは言いました。確かに、そうなんです。心が折れた子は外で遊ばないし、友だちの家にも行かないので、見かけることは少ないのです。ましてや、心が折れた子は、自分の心が折れていると言ったり、表現したりすることができません。

しかし、学校にいると、心が折れそうな子たちがたくさんいると感じていました。

心が折れた子や折れそうな子の様子

心が折れた子や折れそうな子は、とにかく日常生活がふつうに送れなくなります。ただ、その様子は十人十色で、経過もさまざまです。そこで、その子たちの姿の一部をお伝えします。

まず、体調に不調をきたす子が多いです。「おなかが痛い」とか「頭が痛い」とか、なにかと痛がって、動きの範囲が狭くなります。

逆に、元気すぎるというか、教室や家を飛び出し、きまり等を無視しながら、行動範囲を広める子もいます。

このようになにかにつけ、両極端になることが多いのです。このため、勉強などじっくり考えることができなかったり、朝起きても気力が蘇ってこなかったりします。人と交流することに抵抗を示し、無口になったり、暴言を吐いたりします。また逆に、極端に甘えてくる場合もあります。その結果、一人ぼっちになりがちで、事件を起こしたり、家や部屋から出てこなくなったりするのです。

これら心が折れた子どもたちと向き合うと、折れたことへの経過や原因が見えてきます。

それは、大人の場合のように、懸命に努力してきたものが壊れるというようなことが原因ではないのです。子どもにとっては、自分が頑張ってきたということより、不運なことが重なって「八方ふさがり」になることのほうがショックのようです。または、何かにとても困り、それが派生し、他のことまで嫌に思えてしまった時、心が折れます。

これらの原因は、大人からすればたいしたことはないと思えても、子どもにすればとても大変なことに感じているようです。さらには、子どもの特性である刹那性（目の前の出来事に左右されること）があるので、心が折れても、表面上は気力があるようにも見えます。

子どもの心が折れても、なんとかなる、なんとかする

子どもの心が折れた時、親子できちんと向き合い、時間をかけてケアしていくこと

になったら、親は大変かもしれません。

しかし、これだけは声を大にしてお伝えしておきます。

子どもの心が折れても、なんとかなるものです。

時に長引いたり、困難なことに直面したりするかもしれませんが、子どもはまだ成長の途中です。だから、なんとか立ち直るものです。

なにより、子ども自身が「なんとかしたい」と、本能のごとく、回復する機会をうかがっています。そして、まわりの大人も「なんとかしてあげたい」と思っています。そうして、立ち直っていく例をたくさん見ることができました。子どもだけでなく、そのまわりの大人まで成長していく姿に触れることができました。


私は子どもが集まる学校現場にいたからこそ、いろいろな子どもたちにたくさん会え、たくさん教えてもらいました。それを、本書にまとめました。

世の中には、心が折れてしまうようなことが数多くあります。

「うちの子、心が折れるかもしれない」「心が折れない子どもになってほしい」と思い、本書を手にしてくださったみなさんのお役に立てることを心から願っています。

1章

当たり前になった現代の生活で、子どもの心が折れやすくなった

1 みんなで外遊びをすることが減っている

「便利な世の中になったなぁ」「社会は次々と進化していくなぁ」と、われわれ大人は思うことがよくあるでしょう。しかし、毎日のことですから、繰り返すうちに、「当たり前の生活」になっていきます。

子育てに関しても、自分の子ども時代と現代を比べると、違和感をもつことがあるのではないでしょうか。実はこの現代の生活と、子どもの心が折れやすくなったこととは、関係があります。そこで、本章では、生活の変化と子どもの心の変化を6つの観点で見てみましょう。

私は小学校で生徒指導をしていた時、放課後や休みの日であっても、子どもたちの様子を見るために、校区の公園など遊び場をよく見回っていました。

しかし、なぜか子どもたちをあまり見かけないのです。学校の休み時間には教室が空になるくらい校庭へ遊びに行ってしまうのに、家では外で遊んでいないのです。

それは、子どもたちの日記からもうかがえました。塾へ夕食のおにぎりをもって行ったこと、家に帰ってからずっとゲームをやっていて叱られたこと、遊ぶ約束をしたのにドタキャンされたことなどについては、よく書かれています。しかし、外遊びに関してはなかなかお目にかかれません。それぞれに用事があり、放課後や休みの日は忙しそうです。これが今どきの小学生の当たり前の生活です。

外遊びと心が折れないことはつながっている

親としても、不審者からの防犯や紫外線対策のことを考えると、どうしても外遊びより室内のほうが安全です。なんといっても目の届く所にいれば安心です。

しかし、これはとても心配なことです。外遊びこそ、心が折れても大丈夫な子に育ててくれるからです。実際、私が見てきた多くの子たちで、外遊びをよくする子は、心が折れない、折れても大丈夫だと思える子が多かったといえます。

そこで、この外遊びと心が折れることへのつながりを考えてみましょう。

たとえば、1つ目。外遊びで「自然」からのストレスを体で少しずつ感じ、慣れさせることができます。「桜の木の下は、毛虫が多いから気をつけよう」「暑いなぁ。遊んだ後、すっごく水を飲んじゃった」などという自然のちょっとしたストレスを味わい、そして対応していくのです。自分の体を通して、ストレスを感じ、対応しながら慣れていくことは、心が折れない子になる基本ですよね。

次に2つ目。外遊びで「自分の体」を味わい知ることができます。「ブランコを思い切り漕いだら、落ちそうになった」「大きな声で友だちを呼んだけど、気がついてくれなかった」など、ちょっとした危険や安全の程度を体で味わうことができます。自分の体がどこまでできるのか、できないのか、幅を体験して知るのです。

3つ目は、外遊びをすることで、気持ちが軽くなることを感じることができます。「ただいま～、おなかすいた～」「あ～、疲れた！」、こう言って帰ってくる子どもたちはすっきりした顔をしています。体を使ってやり終えた後の空腹感や疲労感は気持ちいいものですね。それを気軽に味わえるのが外遊びです。これで心がすっきりし、ストレスは軽くなるものだと体感できます。これも、心が折れても大丈夫な子を育てる基本です。

外遊びのさせ方「そっ・と・わぁ」

「遊び方を3つ言うね。1つ目、先生が見える所で遊びましょう。2つ目、トイレはあそこです。3つ目、時計の長い針が○まできたらここへ戻ります」

これは、小学校低学年の先生が、子どもたちを外で遊ばせる時に伝える「そっ・と・わぁ」の声かけです。ぜひ、ご家庭でも活用してください。

「そっ」は、大人がそっと見守ることが大切ということです。子どもは親との距離感（見える所）を確認します。

「と」は、トイレの位置を知らせておくこと。それだけで子どもは安心します。

「わぁ」は、枠をつくっておくことです。場所（見える所）と時間（時計の針）の枠です。

こうすることで、子どもは自分が主役になって遊ぶことができます。

2 夜型の生活が子どもの生活を変えた

今の時代は、夜型の生活が当たり前となっています。子どもたちも夜遅くまで起きていることが多く、確実に次の日に影響しています。

まず、自発的に朝起きることができず、親が「早く起きなさい、早く、早く」と急かして起こすので、言われてからやることになります。1日のスタートが受け身ではじまるため、子どもたちは不機嫌なまま学校に行くことになります。

かつて、私が毎朝、横断歩道に立って子どもたちの登校指導をしていた時に感じたことです。昼間に校内の廊下では、元気よくあいさつしてくれる子たちが、朝は本当に不機嫌です。あいさつもなんだか、うやむや。声をかけにくい雰囲気さえあり、人を受けつけない無表情な顔をしています。

そして、今の学校では、朝から教室のカーテンが閉められている所が多いのです。

子どもたちが朝日をまぶしがっているからです。いくら紫外線が強くなったといっても、朝からカーテンを閉め、電気をつけている教室には違和感があります。そして肝心の授業となると、あくびをする子が多いです。授業がはじまってすぐにあくびをする子もおり、1、2時間目の授業は、集中力のない状態で授業を受けています。

これが、親さんがあまり知ることのない午前中の学校での子どもたちの姿なのです。

夜型の生活は、不機嫌で不調な子をつくるだけではない

たいてい夜型の生活は、各家庭でリズムとなり、毎日繰り返されます。ということは、子どもたちは成長期に、この不機嫌で不調な朝を毎日続けることになるのです。これでは、心が折れそうなことを乗り越えられるはずがありません。乗り越えるには、エネルギーが必要です。そのエネルギーの源となるのが、睡眠ですね。

そして、夜型の生活は、そのエネルギー源がなくなるだけでなく、自分の体や心と向き合うことがなくなってしまうのです。

夜型の生活というのは、夜に何かをやり出すので、寝るための準備が十分にできず、寝るのが遅くなってしまうのです。その準備とは、夕食を食べる、お風呂に入

る、着替える、歯を磨く、トイレに行く、そして横になり布団に入るなどです。

準備にはこれらお決まりのコースがあります。これらはすべて体に関することで、不十分にしてよいはずがありません。自分の体と向き合う大切な一連の行為ですね。

また、子どもは夜ゆえの暗さからちょっと不安になって、気になることの続きを考えたり、あれこれ思い出したりします。これらは心に関することで、心の成長のために大切な時間です。これも不十分にしてよいはずがありません。

育てることは、寝かせることと「夜は子どもに寄る」

そこで、子どもを早く寝させる方法です。子どもは本来、寝たがっているものです。なんといってもほんの数年前の赤ちゃんの時には、寝てばかりいたからこそ大きくなったのです。その本質の時から、少し成長しただけです。

そして、子どもは寝る時は、親にそばにいてほしいのです。親がそばにいれば安心できます。ましてや、本を読んでくれたり、なでてくれたりして、体も心も向き合ってくれたら、幸せな気持ちになれます。安心できる夜なら、悩みごともポロッと話してくれますよ。この習慣は、子どもが「もういい」と言うまで続けましょう。

3 直接に体験することが少なくなった

「先生、暑くなったので窓を閉めていいですか？」

5月のある日のことです。1年生の教室でこんな言葉を聞きました。この子にとっては、暑かったら窓を閉めてクーラーをつける、それが自然な行動だったのです。暑いからと汗を流すことは、味わう間もないようです。

暑かったらクーラーをつける、これは大人にとってはふつうの感覚で、当たり前の行動かもしれません。しかし、この大人の行動に子どもも慣らされ、なじみのない世界や経験していない世界ができてしまいました。汗がジワジワと出てきてイライラすることもなく過ごしてしまうのですね。

さらには最近の大人は、子どもがケガをすることを、とても気にするようになりました。ケガの体験は認められないようです。

「先生、うちの子にケガがあったのですが、ご存じですか?」と、放課後や夜、学校に親さんからよく電話がかかってきます。ケガの対応や安全対策、友だちや先生との関係に至るまで、連絡がないと不安になってしまう親さんが多くいます。もちろん、それが必要な時もあります。

しかし、その結果、子どもたちの遊びに制限がかかります。ジャングルジムはやめたほうがいいとか、ぶつからないように遊ばなければいけないなどです。

しかも、それは親だけではありません。先生も時に、雨の日には教室内で暴れないようにテレビを流してみたり、教室のあらゆる角にクッション材をつけてみたりと、ケガ防止に徹しています。それはいいことでもあるのですが、子どもの世界が現実離れしていくようで心配です。将来、生活の中にある危険から自分で体や心を守ることができるのでしょうか。

だからといって、危険な目や嫌な目に合えばいいとか、ケガをすればいいといっているのではありません。子どもたちには、ケガに備える、あるいは小さなケガぐらいなら対応できると体験してほしいのです。ふつうに繰り返している日常の中で、いろいろな経験をしてほしいのです。

「見守れ」ば、「身守る」ことに

ここで、日常で起きた「いつもと違う体験」ができた例をお話しします。

Bちゃんは3歳。いつもママかパパとお風呂に入っています。お風呂にはちゃんとBちゃん用の石けんがあります。それは子ども用の石けんで、目に入ってもあまり痛くありません。

ある日、遊びにきたおばあちゃんと一緒にお風呂に入りました。Bちゃんは喜んで、お風呂にあるおもちゃだけじゃなく、大人用の石けんも使っておばあちゃんと遊びはじめました。そして案の定、大人用の石けんが目に入って、あまりの痛さに大泣きしてしまいました。

おばあちゃんはあわててBちゃんの目を洗いましたが、その泣き声はもちろん、お母さんにも聞こえました。でもママは、「大人用の石けんが目に入るとこんなに痛いってわかったでしょう。そばにおばあちゃんがいてくれたし、よかった」と思い、それを後でおばあちゃんに伝えました。おばあちゃんもほっと一安心できました。

日常の生活に違う目線、体験を持たせてくれるのは、親より違う立場の人がいいかもしれません。祖父母だったり、友だちだったりします。それに、この例では、親はちゃんと気配を感じて、見守っていましたね。子どもの身を守っていたのです。

4 「正しいこと」や「やりたいこと」が見つけにくくなっている

近頃の子どもたちはテレビやパソコンでたくさんの情報を得ることができます。また、大人に物おじすることなく会話するようになったということもあり、本当に多くの雑学を得るようになりました。

学校の休み時間に、「ねえ先生、これ知ってる?」と話しかけてくる子が多くなりました。すごいと思う時もありますが、反面、情報が多くありすぎて、子どもゆえに、混乱したり結局わからなくなったりしているなぁ、と感じる時もあります。「正しいこと」や「やりたいこと」が見つけにくくなっているのです。

「しっぽのないさると一緒に遊べますか？」に見る混乱の思い

小学校低学年の道徳の授業に、差別をしないことを教える「しっぽのないさる」というお話があります。ライオンにしっぽをかじられてしまったおさるのモンちゃんが、しっぽをもってつながって遊ぶ汽車遊びに入れず困っているというお話です。「しっぽのないモンちゃんを、汽車遊びに入れてあげますか？」という先生の質問に対し、実際の授業での1年生の子たちの声です。

・仲間に入れる

「みんなで遊んだほうが楽しい。多いほうがいい」「仲間外れはだめだよ」「入れてあげないと、かわいそう」「仲間外れをすると叱られるから、入れるよ」

・場合によって
「自分は入れてあげたいけど、たぶんみんなは嫌がるから、決められない」『しっぽがないけど入れて』とモンちゃんが言ってきたら入れる」「しっぽがはえてきたら入れてあげる」「モンちゃんがいい子だったら入れてあげる」

・仲間に入れない
「しっぽがないと汽車ごっこは遊びにくいからムリ」「しっぽがかじられているから気持ち悪い」「しっぽのないさる同士で遊べばいい」「入れてあげたら、なんか楽しくない」

ひと昔前の子たちと違って、本当に今の子はよく考えた意見をあれこれと、素直に語ってくれます。

そうして授業としては、「しっぽのないモンちゃんは、汽車の一番うしろにくれば一緒に遊べる」という結論に至っていくのですが、今の子たちは、自分の考えを引きずり、友だちの意見に揺さぶられ、すっきりしない子が多いのです。

「だれとでも仲よくする」という正しいことが、時と場合によるとか、相手によるとか例外が多くなり、混乱し、自分がどうしたらいいのかわからなくなるのです。混乱するということは、混乱するくらい多くの考えがあり、これから先を考えているということですから、とてもいいことです。成長の過程です。混乱は避けるべきことではなく、成長に必要なことといえます。

しかし、正しいことや自分のやりたいことへの拠り所がなく、いつまでも混乱し次に進めなくなるのは問題です。そして拠り所がないということは、心が折れそうになった時、対応ができないということになります。

「混乱」いっぱい、「拠り所」はひとつでいい

そこで、子どもが混乱することから、親として「助けないように助ける方法」をひとつ。つまり、親が子どもに、とても大切な拠り所となるものを、さり気なく伝える方法です。そういう大切なものは、ひとつで十分です。親の価値観で子どもを縛らないためにも、ひとつだけがいいのです。

それは、「子どもの命（存在）が親の喜び」ということです。

「あなたがいればママは幸せ」「あなたの存在が一番うれしい」など、子どもが自分の命は大切にしなければならないんだと思わせることです。これはちゃんと言葉にして伝えましょう。

家族に関連したニュースに便乗して伝えるのがチャンスです。そうすれば、子どもは拠り所を持ちます。混乱することはいっぱいあってもいいので、拠り所をひとつだけ伝えておくのです。

5 真剣にほめたり叱ったりする人が少なくなっている

学校現場に長いことといて、一番変わったと感じるのは、やはり子どもと先生と親さんとの人間関係です。友だちのような親しさが増したり、関わることへの気持ちが薄れたりと、極端になってきました。そのせいか、子どもにとって、真剣にほめたり叱ったりする人が少なくなってきたように感じます。

なんとなくほめて関係をつくろうとしたり、ほどほどに叱ったり叱らなかったりする大人が多くなってきたのです。その結果、子どもはほめられることに慣れたり、叱られることにとても抵抗を示したりするようになりました。

ほめられ慣れている子、叱られることに抵抗がある子

3歳ぐらいのお子さんが、かわいらしく踊っていたので、「上手だね」とほめたことがありました。すると後でその子のお母さんから、「あの人（私）が『すばらしい』と言ってくれなかったって、がっかりしていました」と笑っておっしゃいました。

私があいさつ代わりにほめたことを見破られてしまったのです。子どもはほめられ慣れている、と改めて感じました。今どきの親さんや保母さんたちは、とにかく子どもをほめることを心がけています。ほめることがコミュニケーションであり、指導の手段でもある、と考えているのです。

とくに子どもが小さい時ほどほめやすいので、結果、ほめられ慣れてしまうのです。ですから子どもが小学生になると、もっとほめるか、心からほめないと伝わらな

いのです。それにともない、小学校では先生たちの対応が複雑になってきました。

また、叱ることに関しても、かつての姿とは大きく違います。

「先生が怒ったので、こわい。だから学校へ行けない」と小学校中学年の子どもが親に言いました。親さんはびっくり。そして、先生もびっくりです。というのも、先生はその子を叱っていないのです。そこでよく話を聞いてみると、「先生が〇〇ちゃんを怒っているのを見て、こわくなった」ということでした。

つまり、他の子が叱られるのを見てショックを受けたようです。さらには、その子の姿を見て親さんもショックを受け、連鎖が起こることがありました。ですから今は、先生が叱る姿を他の子に見せないように個別対応することが多くなりました。そうなると、ますます叱られる場面に出会わない子が増えるわけです。

さらには先生だけでなく、地域の方々も叱らないことが多くあります。「子どもがうちの倉庫の屋根に上って危ないので、注意してください」と、校区の方から学校に連絡が入ることがあります。子どもの命に関わることなので、その場で至急対応しなければならないことですが、間接的な対応を望んできます。

こうして子どもたちは、ほめられることには当たり前になって、叱られることからは遠くなってきました。これで生涯ずっと暮らしていければいいのですが、子どもが将来、注意を受けるような場面で、自分で乗り越えられるのか本当に心配です。

まず親が、「一賞一敗」でトントンに

これは、子どもから慕われ尊敬されている先輩の先生からお聞きした方法です。それは、ほめることと叱ることを「一賞一敗」でやっていくという方法です。

「一賞」は、ほめて1つ賞をあげる気分です。正確には、ほめるというよりは、認めていくという感じです。たとえば、「○○ができたね」という具合です。

そして「一敗」は、勝ち負けではないのですが、1つ敗れるような気持ちにさせることです。ダメなことは叱ってでも伝えていく感じです。

それをトントンに、つまり五分五分にします。トータルで両面あればいいのです。自分には頑張ればできることがあると感じながらも、世の中を甘く見ることなく成長していくことができます。

6 頭を使わなくても生活できてしまう場面が増えた

今多くの学校では、大きな電子黒板等を見ながら学習をしています。たとえば、2年生でセンチやミリメートルの単位の勉強をするのに、ものさしをカメラで映して大画面で見せるので、先生が指差すポイントもしっかり見え、わかりやすいのです。

このように生活はどんどん便利になっていきます。それはとてもありがたいことなのですが、子どもにとっての便利さや改善されたことは、困ることとめんどうなことがないので、考える必要がないということにもなります。つまり便利さにより、受け身になってしまい、自分から頭を使う必要がなくなったということです。

やってもらえる、気をつけてもらえるのは、ありがたいことだけど

「じいじ、『アンパンマン』ってけんさくして」。まだ文字がわからない3歳の子が、おじいちゃんにパソコンで動画を出してもらい、しばらくの間一人で見ます。便利になりました。見たい時にアニメが見られて、番組を選んだり時間を調整したり、遊ぶ相手や他の遊びの方法を考えたりしなくてもすむのです。

子どもの生活を便利にしているのは、機械だけではありません。私たち大人も、子どもが困らないように、便利にさせています。

「雨が降ってきました。教室に入りましょう」。ある学校の休み時間に、職員室からこのような放送が流れました。小学生だったら、雨が降ってきたらどうしたらよいか、自分で判断できます。しかし、大人が先回りをして、風邪の心配から指示を出したのでしょう。対応不行き届きでは親さんに申し訳ないという先生の気持ちもあったのでしょう。こうして学校においても日常的に、子どもたちは頭を使わず、大人に先手を打たれてしまっています。

これも小学校でよくある場面です。3年生の子が担任の先生に、親さんからの連絡帳を見せています。「昨晩は子どもの体調がよくなかったので、早く寝かせました。ですから宿題はできませんでした」と書かれています。当の子どもは、先生に直接、宿題ができなかったことを連絡しなくてすむので、他人事のような顔をしています。

先生に宿題ができなかったことを、どのタイミングで、どうやって伝えようか、伝えた後に先生や友だちはどう思うだろうかなどは、考えなくてすんだのです。


機械に遊んでもらえる、大人たちに先回りしてやってもらえる、気をつけてもらえることは、ありがたいことですが、頭を使わなくてすんでしまいました。これが当たり前になったら、困ったことが起きた時、自分で解決していけるでしょうか。

子どもにカンタンに考えさせる方法「3つ見つけた」

そこで、クイズを出し合って、頭を使い、言葉で遊ぶことです。三択クイズや、答えを3つ出すものがとくに頭を使います。それに子どもはクイズが大好きです。

たとえば、「このおかずに使っている食材を3つ言ってね」「私の好きな料理3つ、なあんだ?」という具合です。食べ物関係のクイズがとくにウケます。

答えは適当でもよく、親も自然に遊んであげられます。問題を子どもに出してもらうのもおもしろいです。おしゃべりの遊びで、子どもに智恵を出させましょう。

2章

自分で生きていける力をつける

1 「うちの子は弱い」と結論を出す前に

「うちの子ってホント心が弱いんですよ。ちょっとしたことでクヨクヨするし、弱すぎなんです」と、親さんが個人懇談などで話されることがよくあります。

何かができないとか、だれかとうまくいかないということで、いちいちクヨクヨしていたら、これからのご時世を渡っていけるかしらと、親の心配は尽きません。子どもの将来を心配している親だからこそ、深刻になってしまいます。

しかし、「うちの子は弱い」と早々に結論づけていないか、私は心配しています。

実は、「うちの子って心が弱いんですよ」と聞いた時の担任の本音をお教えします。その子に昼間ずっと関わっている担任であり、第三者だからこそ感じることが3つあります。

1つ目は、「子どものことをよく考えているわ。このお母さんは子どもの課題を意識して、よく見ようとしているなぁ」と感心します。

ケンカや暴力など目に余って動きとして出ることは気がつきやすいし、相手がいて困ることなので、なんとかならないかと課題意識を持ちます。しかし子どもが、静かに自分だけで困っている時は、気がつかなかったり、気がついてもそのままにしてしまったりすることがあります。子どもをよく見ようとしているから、気がついたのです。いいことです。

2つ目は、「ここの家庭はきっとクヨクヨできる安心な雰囲気があるんだ。学校ではそういう面をあまり出さないなぁ」と学校での頑張りを知っている者として、安心できます。このように子どもは、家庭と学校のギャップがあるから、やっていけるのですよね。内でクヨクヨできるから、外で頑張れるのです。バランスがいいなぁと感心します。成長の裏と表という感じで、無理がなく、とても自然です。

3つ目は、「そうか、お母さんは弱いと感じているんだなぁ。それで、それからどうなったんだろう」と、その話の先が気になってしまいます。

しかし残念なことに、お母さんの話はたいていここで終わってしまいます。どうも「うちの子は弱い」と結論が出て、一件落着のようです。でも子育ては一件落着したわけではないので、この続きがあるはずですよね。

この3つ目についてですが、親というのは、わが子にちゃんと生きていってほしいと願うので、「うちの子、これじゃ弱い」と思ってしまうものなのです。当然です。しかし、「まだ子ども」というのも事実です。未熟だから弱いのも当たり前です。だから、「弱い」と感じたことは当たり前のことで、「弱い」から先があるということなのですよね。子どもと向き合うこれからがチャンスなのです。

「よわい」って、「いーわよ」(「よわい」の逆読み)

ということで、わが子のこれからのために、「うちの子、心が弱いかも」という危機意識をもつのは、「はじまり」なのです。つまり、心が折れない、折れても大丈夫な子どもにするための予防策を講じていく「続き」があるのですよね。

そこで向き合う方法のひとつを紹介します。このように「弱い」というマイナスの受けとめから出発する場合には、真逆のよさを考えていくのが一番です。

「クヨクヨ考えて弱い」の真逆のよさは、「いろいろと考えられる」ということです。多感でいいことです。いろいろと考えられるというのは、相手の気持ちも考えられ、優しい子に間違いなしですね。デリカシーがわかる子ということで将来、気配りのできる大人になれるでしょう。

私の関わった子の中には、文才のある子が多かったです。その多感さを活かしておもしろい文章を書くのです。大人が読んでも、なるほどと思ったり、笑えてしまったりと、先が読みたくなる文章でした。

行動面でいうなら、礼儀正しい子が多かったです。たとえば、あいさつはきちんとできる子がたくさんいました。やることはきちんとやる、人がどう思うかを考えられる能力をもっていました。

2 子育ての目標を、立てよう、見直そう

「優しい子になってほしい」「思いやりのある子になってほしい」「人に迷惑をかけない子になってほしい」。これは、年度はじめの家庭訪問の時にお母さんからよく聞く言葉です。この4月、5月にある家庭訪問というのは、初めてお母さんと担任とがきちんと向き合って話すことができる時です。

担任としては、家庭環境の実際、子どもの勉強部屋の様子、親子関係の実際、家族の関わり具合、しつけ状況など、見たり感じたりしたいものがいっぱいなので、事前に話したいことをリクエストするということを思いつきませんが、お母さんの中には、子育てで目標にしていることを自然に語る方が多いのです。いいことですね。

新年度がはじまって、心機一転、子育てについて再度自覚するということなので

しょう。子育ての目標を口に出すことは、とてもいいことですよ。ぜひ、年度のはじめには子育ての目標を口に出して言ってみましょう。それで、一歩前進できます。

「心が折れない子」「人に迷惑をかけない子」という目標

目標なんてあってもなくても変わらないと思っている方もいると思います。私も意識しないと流されてしまって、目標を立てることを忘れてしまいます。しかし、今までうまくいった時のことを思い起こすと、たいてい「こうなったらいいなぁ」と思い続けて取り組んできたことが多いのです。

つまり、この「こうなったらいいなぁ」というのが目標の元です。うまくいった時を思い出して、そのやり方を再現してみましょう。そうすると、「はじめに目標ありき！」だったのではないでしょうか。

そこで、目標の立て方です。2つのことを考えるとうまくいきますよ。

1つ目は、子育てという前向きな場面ですから、「××しないようにする」という限定型より、「○○をする」という自主型のほうが取り組みやすくなります。というのは、子どもへの声かけが、「××をしちゃダメ！」となると、まずは注意したり叱ったりすることになるので、子どもは他のことまでやる気がなくなったり、反発することが多くなるからです。ということで、目標は前向きを心がけることをめざしましょう。

2つ目に、子育ての目標は、子どもがこのようになったらいいという他力本願的なものではなく、子どもがこうなるために親ができることは何かという自力本願的なものとしたいということです。

つまり、子どもがどうなるかより、親自身がどうしたいかということが子育ての目標です。

「クヨクヨしない子」とか「人に迷惑をかけない子」ということを目標にしていた親さんは、そこから進化させて、「だから親ができることは何か」を考えていけば、前進です。

たとえば具体的に、「ダイニングの机の上は、子どもがやりたいことができるように片付ける」「3日に1回は子どもと30分以上じゃれ合う」などです。これは小さな目標例ですが、大きな目標としては、「優しい子になるよう、私も優しい親になる」とすることもできますね。

そしてぜひ、家族やママ友や先生に目標を公言してしまいましょう。そうすれば、自分自身のやる気も出てきます。親もクヨクヨせずに言っちゃいましょう。

3 「ヤマ」のある人生を自分で乗り越えていくために

毎日のニュースの中には、なんだか他人事じゃないと思うことがありますね。「うちの子、自分や家族が突然の災害や事故、病気、人とのトラブルに出会ってしまったらやっていけるんだろうか」と心配になるでしょう。

さらには世の中、理不尽なことがゴロゴロ存在しています。そんなことが重なってわが子に降りかかることもあるでしょう。ですから、人生に「ヤマ」はつき物ですし、「うちの子に限って大丈夫」という特別感をもっている場合ではありません。覚悟して向き合っていったほうがいいでしょう。それに、親にできることは限りがあり、ずっとそばにいることはできません。

そう考えると、子どもを自立させるように育てることが、親のできることとなります。心が折れても大丈夫なように、自分で生きていける力をわが子につけさせてやりたいものです。

わが子を自立させる3つの基本

当たり前すぎて意識されにくいのですが、子育てのプロ集団は「学校」です。私は長い間教師をやって、子どもを自主的に育てる方法としてその学校の授業に位置づけられている「特別活動」という場から、たくさん教えてもらいました。この特別活動は、自立についてとてもよく考えられています。

特別活動というのは、学級会や係・委員会活動、クラブ活動、児童会活動など、子どもが自ら活動できる場です。そのエキスからヒントをもらいましょう。

子どもが自立できる力をつけるには、以下の3つがポイントです。

1つ目は、結果を求めない場面で、子どもをチャレンジさせることです。

自立させるには、まずは「子どもが自分でやってみる」ということがなにより大切です。大人が見ていられなくなって口を出してしまったり、最悪は叱ったりしてしまっては、子どもは小さくなってしまいます。

学校では、学級会でお楽しみ会の計画を任せるというのがあります。お楽しみ会なので、どのようにやってもかまいません。お楽しみ会を上手にやるという結果は求めなくてもいいのです。同じように家庭でも、お出かけや誕生会などの企画・実行、お昼ご飯づくり、お手製プレゼントづくりなど、子どもに任せたらおもしろそうなことがあります。食事を一食ぐらい抜いてもかまわないという気持ちで見守ってあげましょう。失敗から学ぶことは多いですね。

2つ目は、時間がかかることを覚悟することです。当たり前ですが、子どもがやるのだから時間がかかって当然です。わが子が特別遅いのではなく、未熟で不慣れなので時間がかかるのです。
たとえば学校では、班のメンバー表をつくるのに、何日もかかってしまうのは常です。書きはじめる前、何に書くかを決めるだけでも、悩んだり迷ったりして時間がかかります。でもそれが、自立への勉強になります。家庭では、「お使い」など、子どもへの頼みごとは、時間がかかって当然と思うところからスタートです。ここでちょっと確認ですが、頼みごとをさせていない、ということはありませんか。

3つ目は、教えないことです。教えることは子どもにとって、自立を学ぶことから遠ざかってしまいます。子どもが迷ったり、考え込んだりすることが自立への道です。学校では、「みんなに協力してもらうにはどうしたらいいだろうか」と、子どもが課題をもった時、考え方や方法はたくさんあっても、先生たちはあえて黙っていることを作戦とします。親が子どもに、「この先、どうやってやるのか教えて」と、話しかけることもいいでしょう。これで子どもが主役になるからです。

このようにして、何かあっても自分の力でなんとかするように育てたいものです。

4 「免疫力」と「日常」をキーワードに

「先生、今日は塾の日なので、終わったらすぐに帰ります。お母さんが車で待っているので大丈夫です」

3年生のCさんが言いました。4年生になったらもっと塾に通うと自分から言い、やる気満々でした。いい顔をして私のところに話しにきてくれました。

Cさんは、勉強に前向きですし、話し合い活動にも進んで考えを言ってくれます。時には思ったままを言いすぎたり、ドッジボールで熱くなりすぎたりして友だちとトラブルになることもありました。それも含めて、子どもらしい子でした。それが、数年経った今、心が折れているようです。

親さんの願いとズレがあったり、家族の愛情が十分に伝わらなかったり、勉強の成果が満足できなかったりと、大変だったようです。今、Cさんは勉強がまったく手につかず、夜中はゲーム三昧で、すべてが「めんどくさー」です。ここに至った数年間の経過を時折見てきた私にとって一番違和感を感じたのは「日常」です。

心が折れることは、生活習慣病みたいなもの

Cさんが、幼くても夜遅くまで頑張らなければならない日常には違和感がありました。その日常で大丈夫なのか、万が一の時どうなってしまうのかと感じていました。しかし、違和感があったものの、目の前の姿としては問題がなかった、または見えなかったので、私も流されてしまいました。この感覚は、生活習慣病を意識する時の感覚に似ています。ジワジワと危ういことになってしまう危機感です。予防や対策を考えておきたいものです。

だいたい、心が折れることは、生活習慣病みたいなものです。まずだれにでも起き得ることです。体が丈夫だから、心が強いから、起こらないとは言い切れません。また、気をつけていても起きることがあります。何かちょっとしたことが、生活の中で習慣となっているくらい当たり前のことが、繰り返されると、起きてしまうのです。

「そういえば、あれがいけなかった」と後で思うのですが、時すでに遅し。よくない習慣というのは、ちょっと甘いワナのようなものがあるのです。

そこで、生活習慣病と同じく、予防には「免疫力」をつけることです。ここでいう免疫力とは、「心が折れることはあり得ることで、それでも心を守る！ という力」です。

免疫力を上げるポイントは、やはり「日常」にあります。生活習慣病なら、日常の中の運動、食事、睡眠を意識して摂っていくことですが、それはまさに心が折れることに関しても同じで、日常の中に、運動（体そのもの）、頭の栄養（智恵の吸収）、睡眠（休息）を意識して摂っていくことがいいのです。

つまり基本的生活習慣として、これらを当たり前に毎日やっていけばいいのです。生活の中で、甘いワナにはまらないよう意識できるからです。まず親にできることとして、子どもらしい「日常」をきちんと送らせてやりたいものです。それが、「免疫力」を育むことになります。

5 9歳頃までが、心が折れない子どもに育てるのによい時期

長いこと小学校の教師をしてきて実感していることですが、担任した学年によって、教師自身が子どもの年齢に合った教師になっていきます。それくらい子どもには年齢ごとの発達の特徴があり、その発達に応じて教師は、その学年の先生になりきっていくのです。つまり、低学年を担当したら、「低学年の先生らしく」なっていくということです。

たとえば、「低学年の先生」は、低学年である9歳までぐらいの子に「実物」を中心にした指導をします。すると、子どもにうまく伝わるのです。たとえば、算数の授業ではおはじきを使って数え、国語の授業では声に出して読んで、生活科の授業では実際に教室の外に出て、道徳の授業では実際にゴミを拾って、という具合です。

そこで、家庭でも9歳ぐらいまでは、「実物」を通して育てていくのがよいのです。

「実物」にひそむ、心が折れない子にするパワー

心が折れる体験についても同様で、9歳ぐらいまでに実物を通して教えるのがよいでしょう。といっても、心が折れるような大変なことを、わざわざ小さな子どもに体感させるということではありません。

「実物」を感じる体験を、当たり前にやっていればいいのです。タブレットやパソコンで、頭や指先だけで遊ぶ時間を減らし、物や人に直接向き合ってほしいのです。実物を通す体験の中には必ず、心が折れることにつながることがあります。

たとえば、積木遊びもそれです。積んでは壊れるという体験がいいのです。小さなズレの積み重ねが倒れることにつながることを味わうのです。壊れることは、あり得ることだと体感するのです。

1年生が生活科の授業で行なう「あさがおを育てる」体験も、その1つです。これはもちろん、家でもできます。この学習は、花を咲かせるだけが目標ではないのです。まず土に触れます。種というエネルギーが潜んでいるものを触ることができま

す。根は見えません。芽は移植できます。種をまいて毎日水をやっても、芽が出てこないことがあります。芽が出るまでに時間がかかることも実感します。やっと芽が出て育ってきたのに、一瞬にして踏まれることもあります。やっと花が咲いたと思ったら、その姿が続くわけではありません。枯れるとゴミのように見えてしまいますが、その中に前に見た種がちゃんと入っていて、繰り返しがあることを味わいます。

これらすべてが「心が折れない生き方」につながるものです。土や種という自然のパワーを感じ、感謝する心や謙虚になる気持ちがもてます。根や芽を通して、見えないものの存在が意識できます。毎日頑張ってもその努力が結果と直結するとは限らない厳しさが、時としてある現実を味わわせてくれます。何かが成就するには時間がかかるんだと体感できます。枯れたり無駄と思っていたりしている中にも、導いてくれるものがちゃんとあると体感できます。

これらは口で言っても、ピンとくるものではありませんが、しかし、大切なことです。いつかはわかってほしい生き方です。今は理解できなくても、感じることができなくても、体で味わって体で覚えていてほしいことです。

6 育てることは、「広い幅」と「長い途中」がある

「私ってダメなんやて」と中学生のDさん。「そう思ってるんだ」と私。「神経質すぎて、心が弱いから、ちょっとしたことでダメになる」とDさんが続けます。「そう思うところを話して。いつからそう思うの?」「親もそう言った。もうずっと前から」「親さんが言ったんだ」「言われてない。はっきりとは言わないけれど、わかる」。

中学生のDさんは、心が折れそうなほど弱っていました。家族とのこと、勉強のこと、将来のこと、うまくいかないことがたくさんあったようです。

中学生ぐらいになれば、自分の気持ちや状況をそれなりに言葉にして説明できるので、話し合えばよく伝わってきます。そして、同時に課題も伝わってきます。Dさんの場合、自尊心がとても低く、親さんの評価を意識しすぎて、親さんとの関係を複雑

なものにしていました。

私は、Dさんの親さんとも話し合いました。親さんは「あの子は気にしすぎなんです。神経質すぎて、いつもクヨクヨ考えて……」と、子どもと同じ表現の言葉が出てきました。その親さんは、筋の通ったとても決断力のありそうな方で、Dさんの雰囲気とは違いました。

違うだけじゃない、変化していくこともあるのが子ども

前述の話では、親さんが子どもを「気にしすぎ」「神経質」と表現していることを述べました。しかし、かくいう私も、この親さんのことを「筋の通った決断力のありそうな方」と評価しています。

つまり、神経質とか筋が通っているなど、つかみやすいイメージで言葉に表現できると、レッテルを貼って決めてかかってしまうことがありますね。ましてや、毎日見ているわが子のことになると、いったん言葉で表現すると、その言葉と子どもの姿が一致する出来事がまたあると、「決定!」となってしまい、その子の特徴が生涯確定となってしまいます。

「うちの子のことを一番わかっているのは、親の私。この子は、こうなの！」となってしまいます。そういう面は確かにあるでしょうが、しかし子どもというのはいろいろな面をもっています。状況や気分によっても、極端に変わることがあります。それが子どもですよね。

また、子どもは成長と共に変わっていくものです。それぞれの親に似てくることがあるでしょう。仲間に影響されて染まってしまうことだってあるでしょう。環境に合わせることもあるでしょう。

親さん自身も、今までの自分を振り返ると、そうやって変わってきた自分に気がつくことがあるのではないでしょうか。つまり、子どもは成長途中なので、どっちへ向かうかはこれからなのです。「広い幅」があるってことです。

また、「長い途中」にいるともいえます。ですから本来、特徴を的確に表現できないものなのです。子どもは子どもです。得体のしれない時というか、定まっていないのです。

これから先も、「広い幅」と「長い途中」のある得体のしれない時ですね。ですから、それより、その変化や多様な面を発見する楽しさを味わうことが親の醍醐味でしょう。これこそ、今しかできないことです。育てる楽しさは、変化を見つける楽しさです。

3章

動く力となる「体」を整える

1 動ける「体」があれば、何度でも挑戦できる

親としては本音のところ、わが子の腹痛や風邪程度の熱なら、心配もしますが、自然に治るだろうと思っています。ましてや病院に行けば、なんとかなると思っています。腹痛や熱は、大げさにするほどでもないし、子どもだったらよくあることとも思っています。

実際たいていは、大丈夫な時が多いでしょう。それでいいのですが、親としては子どものために、そして自分のためにも、体は心と関係していると意識しておくのがいいでしょう。

子どもは元気で当たり前、体が不調な時は続けて学校を休むのも仕方ない、寝不足でも今元気なら大丈夫。親はこのように思いがちです。しかし、子どもの体も心も、全体を見るようにしたほうがいいのです。心が折れた時、また動ける力となります。

体から先手が打てる

「実は、学校で嫌なことがあったようで、今日も学校へは行きたくないと言うんです」と親さんから連絡があった時、担任が家庭訪問をすると、子どもは布団からも部屋からも出てこない状況になっていることがあります。最初は風邪で欠席だったのですが、数日経ち、休み続けてからこの連絡でした。

こういうケースはけっこうあります。体調不良を訴えていたのに、「実は……」と、心の訴えが出てきたのです。すぐ近くにいる親さんでも、体調不良だけなのか、心の訴えもあるのかは、わかりにくい時があります。いえ、子ども本人も、はじめは確かに体のどこかが不調だったのに、後から心の不調が意識できたということがあります。それくらい、体と心はつながっています。

そして、たいていの場合、「体の不調が先に目に見えて、それから心の不調が見えてくる」という流れです。目に見えにくい心は、つかみようがないから心配になりますが、だからこそ、まず目に見える体から調子をよくし、つながっている体と心を共に整えていきたいものです。

そこで、心が折れないようにする予防策も考えていきましょう。体から先手が打てるということです。生活習慣病の予防と同じです。なってしまうと大変だけど、なる前に、手は打てるものです。

体を整えるということは、鍛えるとかパワーをつけることまでいかなくても、普通に体を維持していく力や抵抗力をつけていくということです。そこで、その整え方の軸としては、次の3つがあります。

まず1つ目は、整えるのは子ども自身としたいということです。親がいくら気をつけても、子どもの体の隅々まで調子をつかむことは難しいでしょう。それに、子ども自身がこれからずっと自分の体に対し、意識してほしいのです。子ども自身が自分の命を病気や事故から守り大事にしようと思えたり、自分の体に対し人と違うことをコンプレックスではなく愛着をもつようになってほしいのです。もちろん、命に対し感謝できることも大切です。

2つ目は、基本的生活習慣を大切にしていくということです。朝起きる、服に着替える、三食食べる、歯を磨く、体を動かす、早めに寝る、当たり前の生活である基本的な生活が習慣になるように暮らすということです。これは体のためだけではなく、心のためにもいいことです。

3つ目は、繰り返すということです。繰り返すということは変化がなくて、ちょっと退屈なので飽きたり嫌になったりするものです。しかし、体は繰り返して力を得ていきます。その結果、「安定・安心・安全」という「安」がつくものが得られます。

以上の3つを努めれば、体の土台のしっかりした子となり、たとえ心が折れても、また動ける力をもつ子になれます。つまり、動ける体があれば、何度も困難に挑戦したり対応したりできる子になれるのです。

痛いところに手を当てる「手当て」の効果

そこで、どうもこれは本当に心が折れそうで「痛い」と言っているんだと感じた時には、次のような対応方法があります。

痛い時は、「手当て」です。親の暖かい手を「ここが、痛いの?」と言いながら、しっかりと手を当てて、なでてあげるんです。痛がる時にいつもやっていることでしょうが、意識するとさらに効果的です。「親パワー」が伝わるように、「そうか、ここが痛いの」と言いながら、ちょっとオーバーリアクションで、なでてください。

そして、病院に連れていくのです。病院へ連れていくこと自体も、手当てのアクションです。病院へ行く途中や待合室での親の心配そうな顔を見ることができれば、子どもはとても安心できます。お医者さんに診断して薬をもらう以上に、心の薬をもらう気分でしょう。

そして実際、診断結果で子どもは納得します。「やっぱり今の自分って大変なんだ」とか、「たいしたことないんだ、これから次第なんだ」とか、子どもなりに感じます。それが、次のステージに自分で行けるステップになります。

2 体は一人ひとり違うということを認める

ある日、「クラスの席を替えていただけませんか」と、親さんに言われました。話をよくうかがうと、子どもの視力が悪くなったけれど、めがねを嫌がるので席を前のほうにしてほしい、ということでした。最近はめがねのフレームの色も形も多様でおしゃれになりましたが、当の子どもにしてみれば、今までの自分と違ってしまったり、人と違ってしまったりするのは嫌なものなのです。

この気持ち、大人もわからないでもありません。「違う」ということは、なんだか不安になるからです。とくに小さな子にとって、目に見えることで、ましてや目立つところで違うのは、大人が思う以上に不安になるようです。

しかし、その不安を乗り越えるか、または助けてもらうかして、「違う」ことへの対応方法を体験して学ぶ機会としたいものです。

「違う」ことと、「不安」ということ

「もし友だちの体に自分と違うところを見つけても、それをとやかく言うのは失礼です。言われても、体は自分では直せないでしょう」

このようにズバッと指導することがありました。それは水泳指導がはじまる前のことです。子どもって友だちの体をじっと見て、思ったままを言ってしまうことがあるからです。

言うほうは何気なく見たままを言ってしまうのですが、言われたほうはそれをきっかけに、コンプレックスをもったり、水泳が嫌いになったり、いじめと思ったりして、尾を引くことになってしまうことがあります。

しかし、これは社会の現実を感じるために、よい機会となります。まずは人の体のことを言うのはマナー違反だと知らせます。それでも子どもは、体の違いに気がついたり、違いが疑問に思えたりして、言葉に出してしまうことがあるのです。

実際に言われた側はつらい体験になるでしょう。「すごいブツブツ（アトピー）が

あるね」「何で黒いところ（ほくろ）から、毛が生えているの？」「髪の毛がボアボアだよ」「この黒い所（あざ）の形、なんかに似てる」と言われているのを聞きました。これが現実ですね。

このようなことを言われたら、自分ってそうなのかと思うかもしれないし、言い返して怒りたい気持ちにもなるかもしれません。だれかにこのことを相談して、なんとかしてもらうか、気持ちだけでも晴らしたくなるでしょう。

とにかく、自分は他の人と違って、自分だけが変なのだと思ってしまいます。とても不安な気持ちになりますよね。

しかしこの、不安になるという体験から学ぶことも多いのです。不安をどうやって扱っていったらよいか、身につけることができます。たとえば、不安は尾を引いたりぶり返したりする、不安は変化することがある、不安は蓋をすることができる、不安は避けることができる、不安は考え直すことができる、不安は意識できる、また、不安は人との関係がある、このようなことを感じることができるでしょう。

だいたい人の体は、目に見える顔つきや体つきを見ても、千差万別ですよね。その違いがなぜか、自分だけが違うような感じがして不安になるのです。でも、違って当たり前なんです。その違いを認めるとよいのですが、そこは子ども。認めることがどういうことか理解しがたいですし、認めたから次につなげられるかどうかもわかりません。

ですから、子どもが体の違いを認めるということは、まず違いに気づくことからです。違いに気づいて、感じて考えていく先に、違いを認めることができます。この過程は抜くことができません。子どもが自分の体の違いに気づいたら、まず親が認めてあげましょう。

3 「落ちること、落ちないこと」を体を通して味わわせる

子どもも大人も、人間はだれしも、「できる・できない」にこだわってしまいます。体に関していえば、その第一関門のように待ちかまえているのが、小学校中学年で習う鉄棒の「逆上がり」です。できる子は小さい頃から自然にできてしまいます。ところができない子は、人生の初めての試練かと思うくらいできません。わが子もそうでした。室内鉄棒を買ってまで練習しても、なかなかできませんでした。このような、越えなければならない運動技術があるのは、いいことです。

子どもながらに、「ヤマ」を越す体験ができます。とくに逆上がりは、「できた・できない」がはっきりわかるので、取り組みがいがあります。また、やろうと思えば一人で自主練習もできるので、「25メートルを泳ぐ」とか、「○段の跳び箱を跳ぶ」とい

う「ヤマ」に比べ、挑戦しやすいものです。
そこで、ドラマが生まれます。練習時間とできることが正比例しないことがありま
す。かと思うと、突然できることがあります。なかなかできずに、できない時間を長
く味わうことになるかもしれません。とにかく「ヤマ」を経験するいい機会です。

体を通して、「落ちるか落ちないか」の分かれ道に立つ

「鉄棒から落っこちちゃった」
逆上がりの練習を機会に、子どもたちは鉄棒と仲良くなってくれます。しかし普段子どもたちは、何かをぎゅっと握ったり、体をまかせるほどつかまったりするという
ことは、あまりありません。

実は、逆上がりができない原因に、逆上がり以前の問題があるのです。それは、握
り方がわかっていないことです。逆上がりというのは、鉄棒を正しく握っていれば、
体を鉄棒に寄せ、力を入れなくても回れるものなのです。

力が入らない握り方とは、親指が他の4本の指と同じ方向から握っている場合で

す。手の指は、親指だけ反対側から力を入れることができるようになっているのに、5本の指で同じ方向から握ろうとするのです。これでは何かの拍子に指が伸びれば、落ちてしまうわけです。しかし、親指で反対側からも支えれば、指が鉄棒に回るように握ることになるので、落ちにくくなります。これは本能でできることではないようで、教えないと身につかない子が多いのです。

そこで、落ちる体験や落ちない体験をし、痛い目にあったり気持ちいい思いをしたりして、反対側からも支える大切さを味わってほしいのです。

これは生き方につながることだからです。一方から力いっぱいやっても失敗することがあります。そうしたら今度は、反対側からもやってみて、その結果、ことがよい方向に運んでいくことがあります。いわゆる「押してもダメなら引いてみな」の体験です。この生き方が、心が折れてもやっていける子に育てていきます。

落ちる遊び、土俵から落ちる

そこでさらに、「落ちる」に関係する遊びを紹介します。その基となるのは、今の小学校の体育授業にある、体づくりの運動としての「力試しの運動」です。体の基本として多様な動きをつくるために、「押す、引く、運ぶ、支えるなどの運動が力いっぱいできる」ことをめざします。

これは、今の子どもたちは遊びでなかなかやれないので、意図的に授業でやっています。私もこの授業で、よくすもうに取り組みました。

砂場やマットの上でやると安全です。男女混合でも十分できましたよ。子どもたちは格闘技のようなものを、「やってもいい」となると、とても張り切ります。しかし実際、すもうは危険な面があるので、遊びとしてはすすめられません。大人が付き添ってやらせたい体づくりですね。

そこで親と遊ぶ時は、手で押すだけの手合せずもう、おしりで押し合うおしりずもう、ケンケンでぶつかるケンケンずもう、そして、綱引きごっこも同じ運動の仲間です。転んだり、吹っ飛んでも大丈夫な安全な土俵で行なってくださいね。子どもが連敗するのもいいです。押すだけではなく、フェイントで引いて勝負してもいいです。「人生は押すだけじゃない、引くこともあり」を体で学ばせてあげましょう。

4 食べる前に、体のためにやっておきたいこと

「お〜、におってきた〜。これってニンニクのにおいだよね」

授業中に、ついこんな言葉が出てしまいました。学校によっては給食室でスパイスまで工夫して、ニンニク入りのカレーをつくっているところがあります。体中で食べる準備オッケーという感じになります。

ところで、小学校の給食時間は配膳を含めて、だいたい40分ほどです。1時間もないところが多いのです。1年生でも同じです。食べる時間を長くしたいので、配膳を急ぎます。その際、手洗いからはじまり、衛生的に、安全に、そして公平にと、配膳中も子どもたちに教えたいことはいっぱいあります。

準備から10〜15分後をめどに、「いただきまーす」となり、食べることができます。

一方の家庭では、孤食（一人で食べる）だの、個食（バラバラで食べる）だのって、

課題はいろいろあるでしょうが、家族の状況もあり、なんとかするのは大変ですね。ですから、まずはできることからということで、食べる前にポイントをおいて、休憩となる食事にしましょう。そうすることで、体を整える食事となります。

体も心も食べる準備をしよう

一方、家庭では「ごはんだよー」と言う親の声に子どもが食卓に集まってくるのは、いい景色ですね。しかし、その前に、「いつまでも遊んでいないの」「テレビ見てないで」と、注意することになることがあります。

家庭では学校とは違って、目が行き届くだけに、ついいろいろと子どもに注意を促して禁止をしてしまうことがあります。「××しないの」と、子どもに禁止の言葉がけをしないようにと心がけることもいいのですが、でも世の中には禁止されることがあるのですから、禁止も受け入れられるように育てることも大切です。ですから、「××しないの」と言うのも自然なことです。

学校では数時間前から食事のにおいをかぎ、給食時間になっても、手洗いからナプキンを敷くこと、それから配膳をしてと、食べ物を間近にしても10分以上もいろいろとアクションがあります。実はこれこそがいいことなんです。
つまり、五感を通して食べる準備を、体も心も十分にするのです。副交感神経（体を休める）がよく働いて、体にいいことですね。
そこで、家庭では食事時間が近づいたら、次の2つの準備をおすすめします。

1つ目は、料理を食べる前の子どものアクションを増やす意味から、配膳のお手伝いをさせることです。学校では1年生でも上手に配膳できています。準備から子ども参加型の食事にし、体も心も食べることへの準備をさせましょう。それにお手伝い自体がしつけともなるので、一石二鳥ですね。子どもも食べることに関しては、とくによく手伝いを進んでやってくれます。

2つ目は、料理をよく見て食べさせるために、親さんが料理した時の自慢やエピソードをちょっと話してあげましょう。「たまごの半熟加減が上手にできたわ」「大根に味がしみ込んでいい色だね」「この魚はいい目をしてたよ。新鮮な証拠だよ」という感じです。

こんな話を聞いたら、子どもは確かめたくなって、思わず食べ物をじっと見てしまいます。つまり、食べ物にちゃんと向き合って食べるということです。食べ物をじっと見れば、唾液が出るなど、体が食べる準備をします。

この程度でいいのです。食べる前に、手伝いをしてもらったり、お料理の自慢話をしたりすることが、子どもの体によく、十分に体を休めてくれて調整してくれます。

5 動きまわる遊びは、本能のなせる業

「ランドセルをもってきましょう」

帰りの会も終わって、いよいよ帰るという場面です。教室の後ろにあるランドセル

を取ってくるだけです。そんな短い時間にもかかわらず子どもたちは遊びます。その数メートルの往復なのに、ぶつかったりタッチしたり、遠回りしたり道草したり、何かを見つけたり拾ったりして遊びます。その姿は本当にかわいいものです。

しかし同時にトラブルも起きます。まず、転びます。声が出ます。ケガの心配もありますが、この姿が子どもそのものです。遊ぶということは、自由になるので体を使い、人との交流があり、頭や心を刺激して違う世界に入れるということです。いいですね。遊ぶことは、自然に、瞬間にでもできてしまう、本能のなせる業なのです。

遊びは、学校の授業でやるくらい大切なもの

「なに遊んでいるの？」

子どもは本能のなせる業として、常に自然に遊んでしまいます。しかし、この言葉がけには、つい注意が伴ってしまいます。遊んでいる場合ではないと、やらなければならないことを促してしまいます。たとえば、先ほどのランドセルをもってくる場面でも、時間がなかったり指導したいことがあったりすると、「すぐにもってきて席に着きなさい」となります。それも大切なことです。

しかし、先生は遊びの大切さを実感しているので、遊ぶ時間は確保したいとも思っているのです。

そこで学校では、とくに体を使う体育の授業において、遊びを意識して取り入れています。「学習指導要領」にも、わざわざ「遊び」という言葉が領域名についているほどです。これを家庭でも子どもからやってくれれば、いい子育てになると思います。

1・2年生の体育の授業から、その内容をお伝えします。「こんなんでいいんだ」という感じで、遊びを家庭の中に入れてみてください。

たとえば、「器械・器具を使っての運動遊び」。安全に気をつけて遊べそうな場所で、登ったり、転がったり、逆立ちしたり、つかまったり、跳んだりして、手も片足も腹も背中も使えることができるといいですね。一人でやるより友だちや家族と交替でやったり、競争のようにゲームにしてやったりすると続きます。

「走・跳の運動遊び」では、名前の通りズバリ、おにごっこやケンパー跳びやゴム跳びなどがあります。昔からあるシンプルな遊びは引き継ぎたいものです。

「水遊び」では、水かけっこや水中にらめっこはお風呂でもできますし、ワニ歩きや泳ぎマネはマナーを守れば温泉でもできます。

また「表現リズム遊び」では、動物のまねっこや体でお話づくり、音楽に合わせて自由に踊る、ステップを踏む、タレントの踊りマネや盆踊りや体操のようなリズム運動をするなど、子どもが自然にやっていることを認めれば、もっとやるくらいです。

このような動きをすることが、子どもの体を育てることになるのです。そして子どもはこれらの動きを、遊びを通して自然にやってしまいます。ですから、子どもが遊び出したら、見守ってあげましょう。それだけで十分です。

子ども向けの心理療法に「プレイセラピー」というものがあります。言葉ではなく体で、自分を思う通りに表現して、心を癒したり、安心させたりするというものです。そうです。遊びは、体にも心にも薬や栄養になるのです。遊んでいると、子どもは本当の自分を出して動き回ります。それを見ている大人も癒されます。そんな笑顔の親がそばにいたら、遊びの効果はさらにテキメンです。

6 事故や事件など危なかった時の話の聞き方

「今日ね、こわかったぁ」と、帰るなり子どもが話し出したら、親としては思わず聞き入ってしまいます。子どもが一番に言いたくなったほど危なかったこととは何か、心配ですよね。

その話とは、たとえば、「変な人やこわい生き物が近くをうろついていた」「車や自転車とぶつかりそうになった」「川や建物がいつもと違っていた」「友だちが何かを投げてきた」「大人に大声で何か言われた」という、なるほどと思う話から、「友だちが跳び箱から落ちた」「高学年の子とドッジボールをした」「職員室で叱られている子を見た」という、そういうこわさかと思う話まであります。

事故や事件は、話すことによって見つめることができる

「協力をお願いします。食缶が落ちて、おかずがこぼれてしまいました。欠席のある学級や、あまった学級があったら、分けていただけませんか」

給食の際、このように校内放送をかける時があります。子どもが食缶を落とす原因はいろいろあります。食缶を取り合った、食缶をあわててもった、食缶を配膳台の端に置いてしまったなど……。大変なことです。みんなの食べる物が一品なくなってしまうかもしれないのですから。

このような事故や事件というのは、体に関係することが多いものです。食缶が落ちてしまったという事故も、落ちたりぶつかったりした時にヤケドやケガをしなかったか、瞬間に避けたり受けとめたりすることができなかったか、放送をかけたり分けてもらうために走り回れたか、それで食べることはできたのかなどなど、体のことがどうだったかがまず気になりますね。

そこで、このような事故や事件に対応できる子となるよう、また原因となる背景の

自分の生活を見直す機会となるよう、危なかったことを見つめたいものです。

そのための第一歩が、子どもが危なかった時の話をすることです。話すことによって、子どもは事故や事件の状況や気持ちを自分の中で再現し、復習します。

「あぁ、こわかった」で終わらせないことが、これから起こるかもしれない心が折れそうなほどの出来事から、命を守り、体も心も大切に育むことになるからです。


たいてい子どもは危ない目に遭えば、親に話してくれます。しかし、こんなやりとりになることはないでしょうか。

「今日、すっごく危なかったよ」と子どもが話し出しました。それを聞いていた親は、途中まではうんうんと聞いていたのですが、「あなたが、もっと注意しないからよ」と言いました。

親は心配なあまり、子どもに二度と繰り返してもらいたくないから言ったのです。しかし、子どもは自分なりに注意していたのに、そうなってしまったのです。叱られた気分になり、子どもは話すのをやめました。それからは、事故や事件の話は、なんだか親が不機嫌になるような気がして話さなくなってしまいました。

こうなってしまう展開は避けたいものです。子どもは事故や事件の話をすることによって、自分を見つめていくので、見守ってあげましょう。それは、言葉で注意するより、もっと注意を促すことになります。

もっと話してもらうには、「それで……」

子どもの危なかった時の話を聞くのは、親としてはつらいものです。万が一を考えるとこわいし、痛々しいですよね。そのうえ、子どもの話はよくわからないので、被害妄想になってしまいそうです。子どもこそ怖かったのですから、状況をつかむことは難しかったのでしょう。だからこそ、よく聞きたいものです。

そこで、もっと話してもらうには、具体的にどうしたらいいかということです。もちろん、聞く姿勢が大切です。子どもが話したくなるように、ちゃんと向き合って、時々うなずいてあげることが大切ですね。

でも小さな子どもはそれだけでは、話がすぐに終わってしまうことがあります。話そうと思っても、本当に忘れてしまったり、うまく表現できなかったりして止まってしまうのです。

そこで、語尾を上げずに「それで……」と、ゆっくりなペースで話を促してあげましょう。思い出すのを待ってあげます。「それで……」と、話の続きを待っているよ、というサインを送って、応援してあげましょう。その時間に子どもは事故や事件のことを一所懸命に見つめ直します。

常でなくてもいいのです。忙しい毎日ですが、危なかった時の話はちょっと時間をつくって聞いてあげましょう。

7 子どもの誕生日を、感謝する日にして「命」の勉強

「私なんか、いなくなればいいんだ」。そう言って、その子はトイレに閉じこもっていました。

授業がはじまっても戻ってこないので探していたら、トイレの個室にいたのです。

見つかってよかったと、ほっとしたのもつかの間、中からこんな言葉が聞こえてきました。

急いでトイレの外側の窓下にも他の先生に回ってもらいました。ドアの上から鏡を使って話しかけました。はじめは泣いたり怒ったりしていましたが、理由を一所懸命に話してくれました。トイレから出てきた時、小さな手が大切な宝物に思えました。

それにしても、「いなくなれば」なんて、悲しすぎる言葉です。

そこで、「体」そのものである「命」について触れる機会を、ぜひ家庭でももってもらいたいものです。学校では、道徳の授業で、「生命尊重」という項目で特別に時間を設けて指導していますし、いじめ防止等にも関係し、折に触れ、いろいろな場面で指導するようにしています。自分の命も人の命も、生涯大切にしてほしいものです。たとえ心が折れても、命は大切にしてほしいのです。

命を大事にすることと向き合う時

「あなたが産まれてきてくれて、私はうれしい。今、育っているのを見ているだけでもうれしいよ」と、わが子に言いたい気持ちはすごくあるのですが、なかなか言えないですよね。照れてしまうし、そんなことを言う雰囲気はないし、当たり前のことだからわかってくれているだろうし、という感じで、言いにくいですね。

しかし、子ども側にしてみたら、聞きたい言葉です。それに意外にも、子どもたちは愛されていると確信していないのです。教室で子どもが何気ない時に、「ママは私にばっかり怒ってくる。私のことがイヤなんだ」と愚痴のようにポロッと言ってくることがけっこうありました。

子どもを大切にしたいから、大切にされていることを伝えることは、子どものためになります。「親は子どものために頑張っている、自分は大切されている」と感じてくれることが、命を大切にすることにつながります。恩着せがましいというより、事実と生き方を伝える感覚です。

めざすところは、親子が相互に感謝の気持ちをもつことです。

そこで、誕生日の活用です。誕生日なら1年に1回のことで特別感があり、普段言えないことも勢いで言えます。誕生日のケーキ、またはごちそうの品は、子どもが大きくなったことのお祝いでもあり、親がここまで大きくするのに頑張ったご褒美でもあるのです。

命名についての話をするのもいいですね。また居間にある写真1枚からでも、思い出の品1個からでも、あの頃はこんな気持ちだったと、言うこと、知ることで、絆が深まります。親は子に、子は親に、あらためて感謝できます。

こうして命の成長を語ることが、命を大切にする子へと成長することになります。これは家庭でしかできない教育です。命を大切にする子は、心が折れてもなんとかしていきます。

命の大切さを勉強できる機会は、まだまだある

「命は大切にしなさい」と言われても、「うん、わかった。そうだよね」で、終わってしまうのが子どもです。いえ、大人も同じですよね。だからこそ、体感です。

特別な行事の時に、「命って大切なんだ」と、体で味わうのです。行事の意味だけではなく、意義（どんな影響があるか）まで身をもって味わえます。

それは誕生日だけではありません。たとえば、赤ちゃんが産まれた時のお見舞いやお祝い、病院や福祉施設への面会、お墓参り、法事等への参加です。

これらは、見学ではありません。もちろん遊びに行くのでもありません。子どもはたいていこのような場に行けば、空気を読んで、騒ぎません。それどころか真剣になってドキドキします。そういう体験の日記をよく読みました。影響は大きいですよ。命を大切にする子に育てたいものです。

4章

支えたり
支えられたりする
「心」を育む

1 人とのつながりがあれば、悩んでも前に進める

「先生！　大変です！　Eさんが暴れています。早くきてー」

休み時間に雑用をしていたら、突然子どもたちが呼びにきました。緊張の瞬間です。急いでその暴れている現場に行くと、1年生のEさんが、なんと、椅子を投げつけていました。椅子取りゲームで思うようにならなかったからのようです。こういうことはたまにあります。でもたいていはことなきを得ます。

対応方法をみんながわかっているからです。1年生の子たちでもできます。

暴力的になってしまうことは、いけないことだけれど、そうなってしまう時があるとわかってあげること。そして暴力的になったら、子どもでは止められないので、まずはそこから離れて距離をもつこと。自分の安全が第一。次にだれかが先生を呼んでくる。後は、そっとしておく。そうすれば、また元に戻れる。

この対応方法は学校だけでなく、わが子へも使えます。

つまり、心が折れると自分ではコントロールできない時があるのですが、まわりの対応や心のつながりで、なんとかなるものなのです。心が折れて一人でいると、同じところをぐるぐる回って考え、抜け出す機会を見つけることができないですからね。

「心」を育むということ

前述の例は、まわりの子たちの心が育っているおかげで大事にはなりませんでした。すると相乗作用のごとく、Eさんも次第に落ち着くことができ、心が折れて暴力的になることがなくなってきました。まわりの子たちが騒ぎ立てることなく距離をつくってくれたので、安心して自分を見ることができるのです。

私が実際に見てきた子どもたちの姿から、心を育てていくことが、心が折れた本人も、まわりの人も救ってくれるということがよくわかりました。

しかし、心を育むということをよく考えても、ピンときませんよね。どうしたら心を育むことができるのでしょう。心は環境によって自然に育まれる時もありますが、親が美しい話をしたり、美しい行動をしつけたりすればいいという特別なことだけでもないのです。やはり子どもには、日常の中で折に触れ、心を育んでいこうと意識して、繰り返し向き合うことが大切ですね。

現に学校では、道徳の授業だけでなく、日常の生活の中で心と向き合う話し合いや体験を通して、意図的に育んでいます。その道徳の授業でも、美しい話に触れるだけでなく、その話を通してみんなと話し合ったり、自分の心を見つめたりして育んでいきます。他の人の価値観など考え方や行動の仕方を知るということは、学びになるし励ましになるのです。それこそが、心を育むということですね。

それを家庭でも、ぜひ活用したいものです。道徳の授業の代わりは、普段の家庭での雑談です。

テレビで流れたニュースやドラマの中、家族が話してくれた話題の中に、ちょっと心が迷うものがありますよね。その迷いに触れるだけで、心を見つめ、心を育むことができます。たとえば、「ケガをしたスポーツ選手が試合に参加した」「妹は叱られないのに、自分ばっかり叱られる」「『おはようございます』とあいさつしたのに無視された」など、ちょっと葛藤が生じる話題は、けっこうあるものです。そこで親の価値観を言ってみたり、子どもの受けとめ方を聞いてみたりすることで、心が育ちます。

または、実際に美しい行動を一緒にやってみるのもいいでしょう。地域のゴミ拾い活動に参加したり、募金活動への参加の仕方を考えやってみたりと、子どもにとって実際に行動するということは、とても影響力があることです。こうして、心を育むことが、人とのつながりにもなり、自分の心が折れても前に進める力となります。

美しい心になってほしいと願うあまり、つい親はわが子に熱く語ってしまうことがあるでしょう。しかし、説教はあまり聞く気にはなれないようです。とくに、心が折れそうな時は、聞く気になれないものです。

学校の道徳の授業では「教師の説話」という時間を設ける時がありますが、それは5分程度の短いもので、説教ではなく体験を語ることがいいとされています。また実際、説教より語り尽くさず余韻を残すほうが、心に響く時があります。

2

お願いごとは、断られることもあり　断ることもあり

「学校から帰ってから一緒に遊ぼうって約束したのに、その子の家に行ったんだけど、遊んでくれなかった」

クラスで朝から何度も私と目が合う子がいたので、気になって呼んで雑談をしていると、やはり嫌なことがあったから訴えたかったようです。話している最中に思い出して、ついには泣き出してしまいました。

そこで、さり気なく相手の子からも話を聞くと、「帰る時、違う友だちが一緒に遊ぼうって言ってきて、その子がすぐにうちにきたんだもん」と言っていました。

よくあることです。お願いごとをしたのに結局、断られてしまったり、断ることができなかったりして、トラブルが発生してしまいます。大人の世界でもよくあることですね。

考えてみれば、人生の岐路である受験や就活や婚活も、お願いごとをして断るとか断られるということが関係しています。また、普段の生活においても、お願いごとやお誘いごとはふつうにあり、自分自身や人との関係に大きく影響しています。そしてお願いごとが、心が折れる原因となる時があります。

子どもの世界では、まず「遊ぼう」がお願いごとのキーワード

「遊ぼう」っていうお願いごとが、子どもの世界の人間関係をつくっていく魔法の言葉です。「遊ぼう」と友だちに言ってみたら、一緒に遊べて楽しかったり、断られてしまって残念な気持ちを味わったりすることができます。

そして、友だちとの人間関係だけではなく、自分自身の心をつくっていくこともできます。受け入れられた満足感、誘った責任、断られた原因など、いろいろ考えることができます。幼い時には、考えるまでには至らなくても、感じることができます。さらには、断られた時の気持ちを味わった体験から、相手の気持ちを想像したり、断らないようにできるかを想像したりします。

また断った体験から、断ってよかったと感じたり、相手の立場を想像したりします。つまり、「遊ぼう」とお願いごとをした結果が、遊べるか否かだけでなく、いろいろと感じさせてくれるものです。心の勉強ができますね。

しかし、そこまで人に関わらない風潮もあります。一人でいたい子も実際にいます。たいていは本好きで、空想や知識と遊んでいます。ただし、一人で本を読んでいる子の中には、「遊ぼう」と言いたくても言えなくて、誘ってくれるのを待っている子もいます。断られるのがこわいのです。根が優しいから、断るという世界に足を踏み入れたくないのでしょう。

または、そこまで人に関わるとかえってめんどうなことになるかもしれないと思っている子どももいます。その気持ちもわかるのですが、それがすべてでは、将来お願いごとが通らない場面に出会った時に、心が折れてしまうのは目に見えています。時には、まわりの大人が声をかけていきたいものです。

そのためには、「遊ぼう」という言葉を、まずは意識すればいいのです。子どもがちゃんと言葉に出して「遊ぼう」と誘っていたら認めるとか、「ママ、遊ぼう」と子どもが誘えるように親がすきをつくったりして試してみたいですね。そうして、相手にお願いごとをすると、受け入れてくれる時もあるけれど、断ってくる時もある、という体験をさせたいものです。

断ったら、「こと・おわり」ではない

断られても大丈夫な子、断ることができる子にしたいものです。断る側のすまなさや、やむない気持ちがわかっていると、断られても大丈夫です。そして、断る技術も必要です。これは学校の授業でも扱うことがあります。

断る時のポイントは4つ。1つ目は、まず謝ること。きちんと「ごめんなさい」と言うこと。2つ目に、断る理由を伝えること。3つ目に、だから「できない」とはっきりとあいまいにしないで伝えること。4つ目に、代案を考えて伝えることです。お試しください。

3 泣いている最中は話せないだけ。しばらく待ってから聞く

「男は泣いたらいかんの。だから僕は泣かなかった」

これは学校崩壊にまで至った子から聞くことができた言葉です。その泣かなかったのは、その子が低学年時に家族が亡くなった時のことだそうです。さぞつらかったでしょう。でも、励ましを受け、しっかりしなければという気負いから、泣かなかったそうです。

でも、悲しかったのです。その後しばらくしてから、その子は荒れました。人とうまく関係がつくれず、生き方を探していたようです。私は高学年の時に出会ったのですが、その時は心が通じ合える子に育ちつつありました。

この子を見ていると、結果論のようですが、泣くべき時には泣かないと、結局いつまでも悲しい気持ちを引きずってしまうようです。泣き終わった後は、なんだか気持

ちに一段落つけられます。泣くことは、前向きなことなんですね。

子どもが泣いたら、マイワールドで解決の道へ

「おやおや、また大きな声で歌っているわ（笑）」。わが子がまだ赤ちゃんだった頃、子どもが泣くと、祖母からよくそう言われました。まわりから、泣いていることを「歌っている」と言われると、なんだか親としてホッとしたものでした。

子どもが泣くと、大人は本能のごとく、焦ってしまいます。そして、泣き止ませたくなってしまいます。どうして泣くのかと子どものことも考えるのですが、泣かせているのは自分だと、すぐ責任感や自分の感情に移ってしまいます。つまり、いくらわが子が泣いても、行きつくところ自分のことを考えてしまうのは、それは人の本能です。泣くことはいいと思っていても、いざ子どもの泣き声を聞くと、とにかく焦ってしまうものです。これも本能でしょうか。

その結果、子どもが泣くと、イライラしながらも、泣き止むように訳を聞きます。でも訳をなかなか言わないから、「よし、よし」とごまかしだか、なぐさめだかわか

りませんが、優しくするようにします。それでも泣き止まないと、ついには「泣くな！」と命令であったり、放置したりします。このようなこともありがちで、自然な流れですね。

ここでひとつ、学校現場で長いこと子どもたちと付き合ってきて、子どもたちから教えてもらったことがあります。

子どもというのは泣くほど嫌なことが起きたら、泣いて、そして一段落つけて気分を変え、次の行動に移れるようです。それまでは、大人が焦ろうが、訳を聞かれようが、「マイワールド」のようです。どうにもならないのです。

本当は困っている訳や言いたいことがいっぱいあるのに、何から言っていいやら、どう言っていいやらという感じで、混乱してしまうから、余計泣いているのです。中には混乱しすぎて、思考停止になって、さらには泣いた訳も忘れてしまうことがあります。

しかし、このマイワールドになって、嫌なことを言いたくても言えなくて、泣けてしまって、心がぐちゃぐちゃになってから、やっと泣き止む、という過程が、心を落ち着かせて解決できる道なのです。

この道筋をしっかりつけてやることが、大人の役目です。つまり、子どもが泣いていたら、見守る、そばにいる、待っていることがいいのです。これ以上の出番はありません。子どもが泣いたら、抱っこも、頭や背中ナデナデもいいですけど、ゆくゆくは自分で解決できるように、泣くという過程を歩ませてあげましょう。

4 叱ってでも伝えたいことは一話完結で

「だってぇ……、だってぇ……」と、子どもがいわゆる「駄々をこねて」ゆずらない時がありますね。大人が何を言っても、話を聞いてあげても、子どもが自分の気持ちややり方にこだわり、単にわがままや自分の正当化になってしまったりすることがあります。

これはこれで、子どもの自然な姿です。子どもながらに自分の思いを大人にぶつけることはあり得ることです。これは、子どもが自分や人との関係を学ぶチャンスです。心を学ぶ時がきたのです。

そして、大人側も子どもに対し、ゆずれない時、はっきりさせたい時があります。つまり、どうしても教えたい時、叱ってでも伝えたい時です。子どもの命に関わることや、親が大切にしている生き方についてです。

たとえば、危ない遊び方、うそをつくこと、人に横柄な態度をとること。わが子がこんなことをするなんてと感情的にさえなってしまう時です。これは、子どもに親や人との関係を学ばせる時です。心を学ばせる頑張りどころですね。親にとっては正念場になるかもしれません。

叱って育つ3つの心

「やさしい先生が好き」と子ども。「うちの子はほめて伸びるタイプなんです」と言われる親さん。このような言葉がよく聞かれるようになった学校現場ゆえ、叱る先生が本当に少なくなりました。

もちろん、ほめることはいいことです。ですから、叱らなくてもすむ指導法や、ほめて意欲を促す指導法を、先生方は研修し実践しています。しかし教育というのは、目の前の子どもにだけ対応したり、指導したりすればいいものではないのです。

人生には時に、厳しい時があります。その子が将来にわたってどんな時も、たくましく生きていける力を育んでいくようにしたいと思っています。

そのためには、時には子どもを叱り、人のやさしさにも厳しさにも触れさせて育てたいものです。

そこで、叱ることによって育つ3つの心があることを紹介します。

1つ目に、まず叱られて味わう「ショックを受ける心」です。大前提として、ショックを受けることは悪いことどころか、ぜひ子どもに味わわせたい、いいことです。叱られることが、もっともわかりやすいショックを受ける方法です。ショックを味わうと、焦ったり、落ち込んだり、迷ったり、考えたり、やけになったり、頑張ろうとしたり、ショックの後に多くのことを学ぶことができます。

2つ目は、「崖っぷち感」を味わうことです。人から叱られて、崖っぷちだと思えると、緊張感からドキドキ感を味わうでしょうし、くじけそうにもなるでしょうし、そこから頑張れば思わぬ力が自分にあることに気づいたりもするでしょう。

崖っぷち感をきちんと味わうことが、次にやってくるかもしれない崖っぷちを克服する力となるのです。

3つ目は、叱ってくれた「相手の本気度や愛情」を味わう心です。子どもはけっこう、大人の対応を見て自分の態度を調節しています。大人に向き合ってもらいたいという子どもの本能でしょうか。ですから、相手が愛情をもって叱っているのか、本気なのかは感じるものです。

大人が本気になって自分に向かってくるのを感じると、子どもはさらに真剣に受けとめます。この感覚がいいですね。ぜひ味わわせたいものです。

ガツンと一発の後は、ポツンと切ない感じに終わる

ガツンと一発叱った後、子どもはショックを受け、崖っぷち感を味わい、時には叱った相手に対していろいろな感情をもちます。とにかく不安になるものです。

そして、叱った大人の顔色を見ます。これは子どもの本能です。もっと叱られるのではないか、見捨てられてしまわないかなど、自分を反省する以上に気になってしまう子がいます。そこで、叱った後にはちゃんと信頼感も味わわせたいものです。

ですから、ガツンと叱った後は、ポツンと切なく終わりたいものです。つまり、一話完結にして、いつまでも長引かせることなく、反省する心は余韻を残しても、お互いに気分を変えたいものです。

「しょうがないなぁ。ママもちょっと心配した」程度で終了させるのです。「今度から絶対にやっちゃいけないよ」なんていう逃げ道がない言葉ではなく、なんとなく、切なさが漂うような言葉が締めくくりとしていいですね。お試しあれ。

5 「うそつけ、うるさい、どいて」を言い換えてみる

「そこ、どいて」。この言葉から、けんかがはじまりました。新学期のことです。クラス替えがあっても、まだ前のクラスの子と仲良くしたいので、休み時間になると、教室内ではなく廊下で、いろいろな集団で遊んでいました。その時は、通路に数人がかたまり、ひそひそと楽しそうだったので、仲間意識を見せつけられた感じがしたようです。また通り抜けようとした子も、声をかけるというより、怒鳴ったように大きな声で言ったようです。

「どいて」のひと言で、仲間関係がズバリと出てしまいました。この時はもちろん、心が折れるほどのことではないのですが、子どもには、こういうチクリと心を刺す言葉があります。「うそつけ、うるさい、どいて」。これらは人間関係をよくはしないのに、子どもたちは日常的に使ってしまいます。

言い換えて、やわらかい心をめざそう

「チクチク言葉」「フワフワ言葉」（他にも「あったか言葉」など、いろいろな表現あり）など、最近はいじめ防止の指導で、言葉の暴力に対し、先生方は敏感に指導しています。現に、言葉の指導をするだけで、子どもたちがソフトになってきて、雰囲気がよくなる場合があります。鬼ごっこをしている子どもが逃げてハアハアと息切れをしていると、「だいじょうぶ？」と声をかける子がいるかと思うと、声をかけてもらった子も「ありがとう」と言うなど、品格があるなぁと感じる場面を見かけます。

もちろん子どもたちは、家庭で使っている言葉の影響も受けます。それは地域性や「家風」も関係するようです。そして家庭では当たり前ですが、リラックス感や信頼感から、短くて簡単で、子どもたちにわかりやすそうな言葉を使います。ですから、その中に「うそつけ、うるさい、どいて」もあり得るのです。

では、それらの言葉を言い換えてみましょう。大げさなことではありません。目的は、いつも同じ表現で子どもに示してしまうのではなく、言い方が多様にあると知ら

せ、いろいろな言葉を受けとめられるようなやわらかい心に育てることです。

まずは、「うそつけ」です。「うっそー」もよく言います。これは相手をうそつき呼ばわりするというより、相づちを打っている時が多いです。親切心です。ちょっと驚いてみせ、相手の話がウケたという感じで返しています。すでに口癖になり連発する子もいます。本来は、「そうなんだ」「本当？　それはすごい」ということですね。

次は、「うるさい」です。これは、気分的に受け入れられなくて聞くことができないとか、音自体が騒がしすぎるという時ですが、なんとなく「上から目線」に聞こえます。こんな時は「お静かに」がいいですよ。「お」をつけるだけで、子どもにとってはちょっとおもしろくなります。お笑い系で、短くソフトに使えます。

最後は、「どいて」です。これは相手の存在否定にもなりかねないほどの言葉ですが、自分と相手の相互関係をつかむのによい機会となる重要な言葉です。そこで、「すみませ～ん」と軽く言ってみましょう。濁音がなくなるだけでも、響きが澄んで、心も澄んで、相手も自分も気持ちよくなります。

こうして、「チクチク言葉」と「フワフワ言葉」は言い換えられるとわかって、言葉に過敏になることなく、やわらかい心に育ってほしいものです。それが、心が折れても大丈夫な子になることにつながります。

相手を近づけさせるよい言葉

子どもがよく使う言葉の中から、とくに人との関係に絡む点で、「うそつけ、うるさい、どいて」と、相手が不愉快になりそうな言葉を扱ってみました。一方で、相手が近づいてくれる言葉についても、意識したいものです。たとえば、この3つです。「ありがとう、ごめんね、いいよ」です。これらは、数多く使えば使うほど、人との信頼関係が増し、近づき合うことができます。近づいてくれる子には、人は支えやすくなるものです。家庭でもこれらの言葉をそのままたくさん使ってくださいね。

6 いろいろな子どもや大人と出会うことが心の勉強

「今、本を読んでいるから」「別に、さみしくない」

休み時間になるといつも一人で、本を読んだりブラブラ歩いたりしている子がいるので、気になって声をかけると、たいていこのような返事が返ってきます。実際に本をずっと読んでいたり、人と目を合わせることなく歩いていたりしています。一見すると淡々としていて、落ち着いた感じさえします。

その逆で、とっても人恋しさを見せる子もたくさんいます。そういう子は、「ねえ、せんせ〜」と近寄ってくるので、わかりやすいといえます。一人ではいられないようで、受け入れてもらえるところを嗅ぎつけてきます。本当は友だちのところへ行きたいのですが、つい近づきすぎてしまい、結局は教師のところにきてしまうパターンもあります。

このように、今の子たちは、人との出会いが極端で、出会い自体に必要を感じないのか、または出会いを求めすぎてしまうのか、とにかく子どもなのに、「お一人様」になってしまうのです。

仲良くするのもいいけれど、まず出会うことから

「うちの子、みんなと仲良くしていますか」

これは、個人懇談で親さんからよく尋ねられる言葉です。つまり、わが子の人間関係への関心は、まず、友だちと仲良くしているかです。しかし、小学校高学年や中学生になってから、人と適当にうまくやっていけることを気にするのもいいですが、子どもが小さいうちは、関わり方以前に、人と出会う経験をしているかが重要です。

いろいろな人と出会うことが、心の勉強になります。そういう意味では、子どもが「お一人様」をしているのは、もったいない話ですね。人間関係には、人によって、またはその時の状況によって、楽しさや難しさがあることを知って、人間関係が原因で、心が折れる時もあるし、助けにもなることを体感してもらいたいです。

さてそこで、いろいろな人とはどんな人で、どうやって出会うかです。

まずは「いろいろな人」とは、学校内よりは、世間のあちこちにいます。家にいれば、近所の方や集金や修理等の用事の人、宅配の人もきます。散歩に出かければ、性別や年齢の違う人とすれ違うことができます。中には近所の方で、ちょっと知っているという方にも出会えるでしょう。もちろん、不審者への対応方法は十分に教えます。

また、買い物に行けば、お店の方が必ず出てきます。世間には、当たり前に人がいます。中には、障がいのある方や、外国の方もいることでしょう。

もっと出会ってもらいたいのが、親戚の方々です。法事やお祝いごとの席に着くほどじゃなくても、親戚の人と出会わせてあげたいものです。身内の昔話も聞けるかもしれません。

次に、出会い方です。それは、あいさつからはじまります。自分から声をかけられるといいですが、それも段階があるので、とりあえずあいさつをされたら、目を合わせて返すことです。あいさつをすると、相手を感じることができ、それが心の勉強のはじまりになります。

あいさつを交わしたつもりが、無視されることもあるでしょう。これもいい体験になります。無視されることはあり得ることで、物事は自分中心ではないことを味わうでしょう。または、あいさつが縁となって会話ができることもあるでしょう。自分に関心をもってくれる人もいると感じてほしいですね。

障がいがある方へのあいさつは、「何かお手伝いすることはありますか」からはじまって、「お互いさま」という関係、または分け合う関係を感じることができます。一人ではできない、やってみて実際にわかる勉強です。

「灯台下暗し」から、「灯台もっと暮らし」で出会いたい人

もし心が折れたら、灯り、つまり拠り所となるのは、「人」です。子どもが小さい時は、家庭です。いろいろな人と出会うとよいと述べましたが、そのいろいろな人の中でもとくに出会ってほしい人がいます。それは、灯台下暗しのようですが、「お父さん」です。

お一人様が好きな子でも、お父さんの存在は気になり、よく見ています。お父さんがどんなゲームをやっているのか、ゴミ箱に何を捨てたのかまで、よくお父さんの話

をしてくれる子がいました。お父さんとは本当の意味で、もっと出会いたい、つまり、もっと一緒に暮らしたいのでしょうね。ぜひ、お父さんとあいさつし合ってくださいね。

7 人の物・公共の物の扱い方は、意外にわからないもの

「おトイレに一緒に行こう」「うん、いいよ」。ここまでの会話は、休み時間によく聞く会話です。しかし小学校低学年では、さらに続きがある場合があります。なんと、そのまま2人でトイレの個室に入り、用をすませ、さらにその中で楽しくおしゃべりをしているのです。「一緒」ってそこまでするのか、と驚きました。これは、特別な例ではないようで、少し近づきすぎに感じます。

他にもこんなことがありました。休み時間に教師の机のまわりに子どもたちが集

郵便はがき

料金受取人払郵便

神田支店
承認

8175

差出有効期間
平成28年7月
14日まで

101-8796

511

(受取人)
東京都千代田区
神田神保町1−41

同文舘出版株式会社
愛読者係行

毎度ご愛読をいただき厚く御礼申し上げます。お客様より収集させていただいた個人情報は、出版企画の参考にさせていただきます。厳重に管理し、お客様の承諾を得た範囲を超えて使用いたしません。

図書目録希望　有　無

フリガナ お名前		性別 男・女	年齢 才
ご住所	〒 TEL　(　　)　Eメール		
ご職業	1.会社員　2.団体職員　3.公務員　4.自営　5.自由業　6.教師　7.学生　8.主婦　9.その他(　　)		
勤務先分類	1.建設　2.製造　3.小売　4.銀行・各種金融　5.証券　6.保険　7.不動産　8.運輸・倉庫　9.情報・通信　10.サービス　11.官公庁　12.農林水産　13.その他(　　)		
職種	1.労務　2.人事　3.庶務　4.秘書　5.経理　6.調査　7.企画　8.技術　9.生産管理　10.製造　11.宣伝　12.営業販売　13.その他(　　)		

愛読者カード

書名

◆　お買上げいただいた日　　　　年　　月　　日頃

◆　お買上げいただいた書店名　（　　　　　　　　）

◆　よく読まれる新聞・雑誌　（　　　　　　　　）

◆　本書をなにでお知りになりましたか。

1. 新聞・雑誌の広告・書評で　（紙・誌名　　　　　　）
2. 書店で見て　3. 会社・学校のテキスト　4. 人のすすめで
5. 図書目録を見て　6. その他（　　　　　　）

◆　本書に対するご意見

◆　ご感想

●内容	良い	普通	不満	その他（　　　　）
●価格	安い	普通	高い	その他（　　　　）
●装丁	良い	普通	悪い	その他（　　　　）

◆　どんなテーマの出版をご希望ですか

<書籍のご注文について>

直接小社にご注文の方はお電話にてお申し込みください。宅急便の代金着払いにて発送いたします。書籍代金が、税込1,500円以上の場合は書籍代と送料210円、税込1,500円未満の場合はさらに手数料300円をあわせて商品到着時に宅配業者へお支払いください。

同文舘出版　営業部　TEL：03－3294－1801

まってくるひと時は、教師冥利に尽きるのですが、楽しんでいる場合ではない時があります。ある子が、「先生、これ、ちょうだい」と、教師机の上に置いてある黄色いチョークを差し出してきました。黙ってもって行かなかったからいいのですが、授業で使っているものをもっていこうという感覚にも少し驚きました。

人とのつながりを、物を通して教える

前述の2つの例は、しつけにつながることです。「いつでもベタベタするのが友だちではない。他の人が困る。トイレは一人で入りましょう」「むやみに、おねだりしてはいけない。学校で使うみんなの物は、個人の物にはならない」と伝えることになるでしょう。

大人にとっては当たり前のことですが、子どもは、自分の世界からしか物事を見られない時期なので、わからなくても叱ることではありません。これらは、形から言って聞かせたり、その場で教えたりして、しつけで教えることなのです。小さな子にとって、これらは有効な方法となります。しつけというのは、物を通して「心」も教えるものです。物や場面を通して、人には距離があるので、失礼のないように、相手

を大切にしてあげましょう、と教えているんですよね。

しかし、しつけで教える時、どうしても「××してはいけない」と禁止事項となる場合が多いですね。ましてや、物の扱い方や人と物の関係を教える時は、「とってはいけない」「入り込んではいけない」と否定の形となり、どちらかというと、つながりを断つような指導になってしまいます。

しかし、本当に教えたいのは、人とのつながりの「両面」です。入り込んではいけない物や状況の時もあるけれど、時には、入り込んで助けてもらったり助けたりすることもあると教えたいのです。

困った時に頼れる人がいたら、素直に自分を語ったり、その人の前で泣けたりできるといいですね。困った時に、どうしたらいいかという答えはなかなか出てこないでしょうが、自分の中で答えを出そうとすると、グルグルと同じところをなぞることがあります。でも、だれかに話せば、それだけで答えが出るのと同じくらい、気持ちが軽くなることがあります。それが人との距離です。

そんな気持ちを味わう可能性があることも含めて、人との距離の両面を知らせたいです。物や状況、そしてなにより「人」には距離があって、遠慮や警戒を感じる時や、安心や甘えていい時や人がいます。そして、自分が困った時には正直に「困った」と言って、助けてもらえる人がいるといいですね。

「否定で言わない」、それさえも否定で言っているのが世の常

子どもを育てる時は、「××するな」と、否定で声がけするのではなく、「○○しましょう」と前向きになるように声がけするのがいいと、よく言われます。本書でも前述しました。

確かに前向きのほうが、言われる側も言う側も気持ちいいですね。それに、否定されたら何をしていいのか戸惑うけれども、これをしましょうと言ってくれれば、それをやればほめられるかもしれないので、やる気も増してきます。

しかし、それがすべてではありません。世の中には否定することはたくさんあります。それなのに、子どもから否定することを取り除いてしまったら、不自然です。将

来、不合格や不採用になった時、どうしていいかわからず、心が折れてしまうかもしれません。

否定は時に「あり」です。子どもにとっては味わってほしい経験です。否定された後に、自分で考えてほしいのです。自立してほしいのです。

ですから、遠慮することなく「人のカバンの中を触っちゃダメ」「勝手にものをあげちゃダメ」と、ダメなものはダメと、しつけを通して、人と自分自身の距離のために知らせていきましょう。

5章

困ったことを解決する「智恵」を練る

1

問題を解決する智恵があれば、困った時も乗り越えていける

智恵は学校や塾の勉強だけで身につくものではないと思うのですが、では、どこで、どんな智恵をつけていけばいいのかを考えると、難しいところです。

ましてや、わが子の心が折れても自分でなんとかできるような智恵をつけるにはどうしたらいいのか、子育てをするうえで考えておきたいことです。

私はそれが一番気をつけなければならないことだと思っていました。わが子がいくら勉強をしても、心が折れて立ち上がることができないようだと、すべてが意味がないような気がします。心配を通りすぎ、こわいことです。

ですから子どもには、学力をつけること以上に、心が折れるような問題を解決していく智恵をつけることを重要視してきました。そうすれば、もし心が折れても、それ

なりに自分でどうしたらいいかを考えられるので、親として安心できます。そしてさらに大きくなってから心が折れたとしても、その時の失敗や不運に対し自分で解決方法を考え、ネットや本で調べたり、人に相談をして解決の糸口を見つけてくれたら、どんなに頼もしいことでしょう。そういう人に育てたいものです。

「困らないことが、困ることになっていく」。だから解決する智恵をつける

先生：「叩いたの？　どんな訳があっても、暴力はいけないね。謝りましょう」
子1：「ごめんね」
子2：「……」
先生：「謝っているんだから、ちゃんと許してあげようね」
子2：「いいよ」

小学校の低学年でよく見かけるやり取りです。これで一件落着です。もちろん、このような時ばかりではないのですが、よくあることです。なにかと忙しい学校では、とりあえず、先生が仲裁に入り、「謝罪と了承」です。

先生が仲裁に入るほどですから、きっと子ども本人たちは泣きそうな気持ちで、と

ても困った状況だったのでしょう。しかし大人の介入により突然の解決で、おしまいです。その先のことは考える必要もなくなり、よって思考停止です。

このようなことは、子育ての中でもよくあることです。手っとり早く大人が関わったほうが、時間的にも感情的にもその場はうまくいきます。しかし、よいことには、反作用のごとく課題もあります。この課題は、後から大変な時にかぎって表出してくるものです。

つまり、子ども側からしてみたら、「困らないことが、困ることになっていく」ということです。この先、困った時、ちゃんと自分から智恵を出し、解決していけるでしょうか。

ですから今、子どもが小さい時から、困ることがあったらチャンスとばかりに苦難を体験させて、困った時は、自分で智恵を出して解決していくものと学ばせたいのです。当の子どもも、困るからなんとかしたいという気持ちが湧き出るので、チャンスです。智恵を出させることによって、心も育てることができますね。賢くて、困った時もなんとかする子になれます。

2 智恵をつける第一歩は、勉強道具から

「かわいい〜」って言えば、なんでもそれでオールオッケーのようなムードが今の時代にありますよね。もちろん、かわいいと思うことは、感動であり、優しさや守ってあげたいという本能につながったり、癒されたりして、いいことです。その言葉を聞くだけでホッとする時さえあります。

それでつい、「かわいい者にはかわいい物を」と、子どもにかわいい服や道具を与えます。子ども側もかわいい物を喜ぶようになります。それは子どもが少し大きくなっても続けられ、勉強道具を準備する時になっても、かわいい物が当たり前にあるようになります。

「勉強道具までかわいい物やかっこいい物を揃えて大丈夫でしょうか」と親さんに聞いたら、そんな小さなこと、どうでもいいこと、と言われそうです。しかしここに、

困ったことを解決する智恵が育つ大切な第一歩があります。

親の知らない子どもの顔を知れば、「どうでもいいこと」ではない

授業中、その子はじーっと、ずーっと、下敷きを見ていました。まばたきもせず、目が座っているようです。そこだけ違う空気が流れ、明らかに授業とは違う世界に行ってしまっています。教師として授業をやっていると、こういう子をよく見かけます。見かけるというより、そこだけ穴が空いているような感じがして、気がついてしまうのです。

そこで当然、注意をします。すると、下敷きにはかわいい絵がついていました。その絵を、じっと見て、味わっていたのでした。

これは、教師しか見られない、親には見えないワンシーンです。授業参観などで親さんがいたら、きっとその子は張り切って授業に参加していたでしょう。しかし、いつもの授業では、このような姿をしてしまうのです。サボりたい訳ではなく、自然にそうなってしまいます。かわいい物やかっこいい物は見たくなるので、引きつけられ

てしまったのです。しかし、普段の授業こそ智恵を育てる大切な場なので、何かに気をとられてしまっては、もったいないことです。

かわいい絵やかっこいい絵は魅力的すぎて、受け身になってしまいます。勉強モードになってほしい授業の時間なのに、これでは智恵は育ちにくいですね。そのためにも、創っていくのは自分だ、創っていく時は日常的にある、創っていくことは大変だけどやりがいもある、創っていくことは力を注ぎ込むことなど、人生の「ヤマ」を乗り越える基本を少しでも感じてほしいものです。

ですから、智恵を磨く時間に、わざわざ気が散ってしまうような物、主張の強い物を用意することは、「どうでもいいこと」ではないのです。シンプルな勉強道具を用意してあげたいものです。これは本当に、親さんが見ることができない姿を知っているだけに、教師としては声を大にして伝えたいことです。

子どものためだけじゃない。親自身のための勉強道具選び

「飾りのついた勉強道具はやめておこう」と、ほしがる子どもに毅然と投げかけるこ

とができますか。かわいい子どもがかわいい物を欲しがっている時、ましてや勉強に使う物で、そんなに高価な物でもない時、親はついつい買ってしまいそうですよね。

そこでこれには、子ども側だけではなく、親側にも重要なことがあります。それは、親としての毅然とした態度や、子どもに媚びない感覚をもつということです。つまり、シンプルな勉強道具を準備できることは、親としても自身の成長を促してくれることになるのです。

「かわいければオールオッケー」の基準で子どもに物を与えてしまうと、親は子どもの機嫌を拠り所にするようになってしまいます。子ども側にしてみれば、機嫌をとってもらうことが当たり前になり、打たれ弱い子になってしまいます。

「親が変わらないと、子どもは変わらない」と言われますが、変わるというより成長していけばいいのです。親として成長する一歩のためにも、シンプルな勉強道具を準備し、毅然とした親、媚びない親になる感覚を味わいましょう。これは親の智恵をつけることになります。ひいては子どもの智恵をつけることになります。

3 忘れ物をした時は、「自分でなんとかする」智恵の出しどころ

「忘れ物をしたら、ショックを受けようね」

これは忘れ物をした子によく言った言葉です。今の子は本当にさまざまで、忘れ物をしても変化がなく無表情で、そのままにしている子がかなりいます。または、「ありません」とか「お母さんがやってくれませんでした」と他人事のように言う子も多くいます。

忘れたからどうしようとうろたえたり、ショックを受けたりすることもなく、挽回する気持ちももてないようです。実際、ノートを忘れたから書かないとか、傘を忘れた子が濡れたまま雨の中を歩いているとか、教師が見つけてあわててしまう場面があります。

このような子が多くなったのですが、とにかく、忘れ物というのは、日常によくあ

る場面で、自分にも人にもわかりやすいミスです。そしてミスはだれでもあり得ることなので、忘れ物をした後に挽回できるかが重要となります。これは、心が折れた後に智恵を出せるかということとつながるので、智恵を育む場といえます。

忘れ物をした時こそ、智恵を出すチャンス

「え～、明日の持ち物がわからないの？ 予定帳に書かなかったの？」「だって、予定帳を忘れたもん」「しょうがないわねえ」。

このような親子のやり取りの後、親さんはメールです。今は親さん相互のメールが行き届いていますので、情報はすぐに入ってきます。そこで肝心の子ども側ですが、そのおかげで、忘れ物を防ぐことができました。以前であれば、どこに電話をしたらよいか、家族が出たらどうやってあいさつをしようかなど、親も頭を使う場面でしょうが、その必要はなくなりました。便利さには感謝ですが、薬に副作用があるのと同じように、ショックを受けることや智恵をつけるというチャンスから遠ざかっているともいえます。

さらには先生においても、忘れ物をしたから勉強ができないという状況にはでき

ず、教材の予備を貸したり、コピーをしたりと対応してしまいます。時には、遠足の日に子どもがお弁当を忘れても、先生がコンビニに走り、ことなきを得ることもあります。つまり、子どもは「困る」ことがありません。

ですから、困った時に智恵を出すには、まずは「ショックを受ける経験」や、「ショックという感情」を味わうことからはじまります。その意味では忘れ物をしてショックを受けることも、時にはいいことなのです。

つまり、忘れ物をしても、親がカバーする必要もないですし、後で届ける必要もないのです。ただし、忘れ物をしたことをそのままにするのではなく、「忘れ物をするのは仕方ないけれど、その後をどうするの？　どうしたの？」と子どもの対応を見届けましょう。

代わりになる物を工夫する、迷惑になることを考えながら人から借りる、なくてもそれなりに参加する、忘れたことの不便さを味わって次への作戦を立てる、忘れた時用の対応情報を集めるなど、子ども自身が智恵を出せるといいですね。

同様に、心が折れそうな出来事があった時に、「その後どうするの？」とつなげてほしいものです。困ったことが起きた時には、困ったことを自覚して、自分で智恵を出してなんとかするという習慣をつけてほしいのです。

4 智恵をつける勉強は、居間のおしゃべりでもできる

「どうして勉強しなくちゃいけないの？」と子どもが聞いてきたら、ひと言で返すのは難しいかもしれませんが、親は経験から、なんとなく答えられるでしょう。「8%の消費税」の意味も、「取扱説明書」の読み方、または読まないで対応する方法も、「お出かけや旅行」の仕方もわかっているのが大人です。つまり、勉強したことがつながって、役立っているのです。

そして、子どもにはやってほしい勉強があります。算数や国語などの知識としての智恵だけでなく、自分のやりたいことをやる力をつけることです。そこに、心が折れ

てもやっていける智恵があります。

居間でできる智恵をつける方法、話題

「この先、どうやっていけばいいんだろう」「できそうな方法が、今の自分にあるのか、調べることはできるのかな」「助けてくれる人はいるかなぁ」など、これらは、人生の「ヤマ」で困った時に出てくる言葉であり、智恵の出番です。実はこのことを勉強している授業が、今の学校にはちゃんとあります。それは、「総合的な学習の時間」です。

知識をつけることより、子どもの目線で知識を総合的に活用し、工夫しながら課題を解決していくというものです。知識をつけるのが目的の学校でもやっているくらい、智恵を活用して育てていくことは大切なことなのです。

そこで家庭の居間でもできることがあります。ポイントは、生活の中で課題（問題）に向かっていくことを考えさせるのです。ちなみに私は教師時代、朝の会の「先生のお話」というコーナーで話題を提供し、子どもたちに考えてもらいました。子ど

もたちも楽しみ、盛り上がりましたよ。

たとえば、テレビのニュースです。「外来種の動物や植物が増えてきた」と流れてきました。そのことを話題におしゃべりし合えばいいのです。子どもはニュースを解説してもらって参加するのが好きです。それで意見を求められれば、幼くても自分の考えを出してくれます。

テレビのニュースだけではなく近所の話題でも関心をもってくれます。もちろん、うわさ話や悪口ではなく、親が直接体験したり感じたりしたことがいいでしょう。たとえば「犬のフンを踏んでしまった……」とか、「○○を拾った、落とした」などという、ちょっとしたトラブルの話など、おもしろいですね。この続きをどうするかと投げかけるだけで、子どもはすごく考えて智恵を出してくれます。

居間にわざと置いておきたい物

「この本はイヤだ。僕は悲しいお話は好きじゃない」と、わが子が3歳ぐらいの時に言いました。それでも私は、その本を片付けることなく、さり気なく居間に置き続けたことがありました。

その本は『かわいそうなぞう』（金の星社）という悲しいお話の絵本でした。たまたま買った本でしたが、わが子の反応を見て、チャンスだと思いました。この本は、戦争のため上野動物園の三頭の象が逃げて暴れないようにと、飢え死にさせられたという実話を元にした絵本でした。確かに悲しく、現実の厳しさが書かれています。そのことに幼い子が向き合わなければならないのは、酷といえば酷です。

絵本といえば、ほのぼのしたものや笑えるものが多いのですが、こういう泣けるお話も実にいいですね。これこそ、読書の醍醐味で、間接的に人生の「ヤマ」を味わうことができます。世間の厳しさも味わえますし、自然なことですよね。

時にはこのような悲しい本を親子で一緒に読んで、親も泣けると、気持ちがすっきりしていいですよ。

5 「ソース！」と言っても、とってもらえないことを教える

「ソース！」と、ご飯時に子どもが言ったら、その続きは親でなくても、たいていは察することができます。「ソースがほしいんだな。じゃあ、とってあげよう」ということになるでしょう。

人としての優しさや親としての使命感で動いてしまったり、子どもの一声で本能のごとく動いてしまったりと、自然にとってあげます。それに、ソースをとることぐらい単なる小さなことと思えます。

しかし、この小さなワンシーンが日常的に続き、当たり前になるのは、ちょっと立ち止まりたいところです。というのは、子どもが「まわりの人は自分のために、呼べば答えて動いてくれる」ことを当たり前に思ってしまうからです。

何かやってほしい時に、ひとこと言えばなんとかなるという習慣をつけてしまって

は、将来なんとかならない時のことを思うと不安になります。ご飯時の何気ない会話や対応が、吸収力のある子どもにとっては、とても影響してしまうのは確実です。

「鶴の一声」ですむことではないから、考える

「ソース。お母さん、ソース！」。何度か言ったのにとってもらえなかったので、いらついてその子は叫びました。すると、その子のお母さんは、「私は、ソースじゃないし……」と返事をしたそうです。またあるお母さんは、「ソースがどうしたの？かけてほしいの？ ご飯に？ 頭に？」と返したそうです。これはすごい対応だなあと笑ってしまったのですが、そこでまず、子どもになんと言わせたいかです。

ソースをとってほしい時は、単語の丸投げではなく、「ソースをとってください」と文章で言うように、頭を少し使ってほしいものです。ひと言で会話を短く合理的にすませることにもいい面はありますが、普段子どもが繰り返しやっていると、智恵を出さないことや思い込みにつながります。

人にお願いする時は礼儀として、文章スタイルで伝えるようにすることは、子育て

のしつけとして大切なことですね。そして、このお願いごとをするという場面は、将来出会うかもしれない人生の「ヤマ」につながることがあるので、子どもにとってもいい経験です。ですから、しつけと同時に、親を練習土台として、お願いごとをしたらどうなるかという経験を積んでほしいものです。

つまり、人にお願いごとをして、断られることがあるという体験ができるチャンスといえます。この時こそ智恵を出して乗り越える練習ができるのです。実際、人に礼を尽くしてお願いをしても、かなわない時はあるものです。この時、相手の都合や、まわりの状況、そしてタイミングなどの理由がありますよね。それどころか、自分でやらなければいけない時だったかもしれません。

いろいろな訳を考えつくだけでも、心が折れそうなところから前に進めるものです。お願いごとは、「鶴の一声」ですむことではないので、智恵を出す癖をつけてほしいです。

ゲームで負けた時に智恵が出る

お願いごとをするという場面での智恵の出し方について述べましたが、実は子どもの日常生活には、智恵を出す場面がいろいろとあるものです。それも困ったことを解決する智恵は、意識するとかなりあるものです。たとえば、親子でゲームをして子どもが負けた時です。これを親子で共有できると、子育ての場となります。子どもが負けること自体、実にいい経験です。以下、ゲームで負けを体験させる時のチェック項目です。

・親がわざと負けていませんか？ ⬇ 負けさせることこそ勉強だ、試練だと思えることが親心
・子どもが負けを残念がりますか？ ⬇ 負けを受けとめず避けていたら、悔しがらせてあげましょう
・子どもが負けたことに、親が付き合っていますか？ ⬇ 言い訳も含めて、気持ちを聞いてあげましょう

・負けた後に、次にどうしたいかを尋ねていますか？⬇再挑戦だけを狙わせないで、子どもに先を語らせましょう
・負けても勝っても一話完結にしていますか？⬇いつまでも気分が左右されている時は反応しないようにしましょう

これらのチェックがクリアできてから、今度は勝ってもらいたいし、ほめる機会ともしたいですね。この先が、楽しみになります。

6 親のひと言でできる「智恵を練る国語授業」の方法

「これ食べなさい」「イヤ！　だってこれまずいんだもん」「イヤって言っちゃダメ！」「ママもダメって言っちゃダメ」「あなただってダメって言ってるじゃない」

偶然に聞こえてしまった親子の会話です。なんだかちょっと考えさせられる会話でした。

命令口調ではなかなか動かないのが人というもの。イヤとかダメとか禁止の言葉は使わないほうがいいと思っていてもそうせざるを得ないのが子育て。口調までなんだか似てくるのが親子。話してもめているうちに、なんだか話がそれていくのが普段の会話。

そして最後は親がピシャリと締めて思考停止。という具合に、親子の会話は、時にちょっと不愉快さが残ってしまうことがありますね。

智恵を出すどころか、大きな声を出しかねません。これが日常ですが、生活の中で、智恵を練っていく方法はいろいろとあるので、智恵を出させる基本を意識できるといいですね。

「逆も真なり」智恵を出すのに使えます

そこで、智恵の出し方です。これは今の学校授業に学ぶことができます。学校では親さんの時代から変化したことがたくさんあり、智恵を自分から出す工夫を重ねていますよ。とくに国語の授業では、「読む・書く・聞く」だけではなく、「話す」ことで智恵をつける訓練をします。今の世の中、スピーチなどのプレゼンが必要であり、発表会等で、話を伝え合うことを重要視しています。これらは日常生活においても一方通行ではない「伝え合う」工夫をすることで、智恵を出してほしいところです。意識してほしいですね。

具体的に、国語の授業ではディベートがあります。話し合いをゲーム化したものです。論題に対し、賛成側と反対側を決めてチームになり、プログラムにそって根拠をもって討論し、勝敗まで決めるという方法です。

さて、そこで先ほどの、食べるか否かの会話についてです。

これは「逆」を意識することによって、たくさんの考えが出てきます。たとえば食べること（賛成派）では、「栄養がある。食べるとけっこうおいしいかも。調理しだいでおいしくなる。好き嫌いはよくない。乗り越えられないものがあるのは人生にもよくない。叱られるから飲み込めばすむ。つくってくれた人に悪い」等が考えられます。

そして食べないこと（反対派）では、「他の食べ物で栄養をとればいい。食べることは楽しいことにしたいから我慢するのはどうかと思う。調理してもやっぱり味は変わらない。好き嫌いはだれでもあることだから仕方がない。無理やり食べると気持ち悪くなる。代わりに他の物を一所懸命に食べる。つくった人への感謝は別問題」等と考えられます。

こうして智恵を出して考えられるのは、反対（逆）の意見があるからです。

それに、反対側の意見は多くの場合、考えてみると筋が通っていて間違いとは言い切れないのです。さらには、こんなにいろいろなことを口に出して話してしまうと、その後の行動がなんとなく、責任をとらなければいけないような感じになってしまいます。実際、「宿題はなくしたほうがいい」という論題で子どもたちが話し合ったら、その後、宿題の提出率がグンと上がりました。

ということで、この「逆も真なり」という発想から、多様に考えられるようになることによって、困った場面において行き詰っても、逆から考えて、どうしたらいいか考えを広めたり深めたりすることができます。「逆」からの発想は、逆境から助けてくれます。

7 学校の宿題で、親が一番教えたいこと

「宿題あるの？　やった？」と、親としては心配なあまり、子どもに声をかけてしまうことがあります。または軽い気持ちで、コミュニケーション代わりにそう言ってしまうことがあるでしょう。

どちらにしても、学校へ行き出した子をもつ親として、宿題は存在感のあるものです。そして教師の立場から見ると、小学校の低学年から中学年の間は、宿題のやり具合は千差万別で、それを引きずって大きくなっていくと感じました。

ですから、どうしても近くにいる大人は、目の前のことに対応しなければならないので、子どもが宿題をやったかどうかが気になってしまいます。そこで、宿題の目的をもう一度確認しながら、親が宿題で一番教えたいことを考えましょう。

宿題を「やらない家」「やる家」「やりすぎる家」

長い間教師として、宿題を出しては見届けてきたので、当の子どもだけではなく、家庭まで見えてくるようになりました。リビング学習の方法も含め、各家庭の都合や関わり方を見て、「家風」と思えるほどいろいろな環境があります。そしてその実態は、宿題を「やらない家」「やる家」「やりすぎる家」の3パターンにくくることができます。

宿題を「やらない家」は、本人はもちろん、家族も学ぶことに無関心な家庭です。学ぶ楽しさを味わえるといいですね。学校との連携を期待します。

そこで気になるのは、「やりすぎる家」です。

最近は、宿題をやりすぎる家が多くなりました。その実情は、親さんが宿題の内容を教え、やらせすぎているのです。とくに子どもが低学年の時、親さんは教えやすいし子どもへの期待が大きいので、前倒し学習等を親さんのペースでやってみえます。

もちろん、子どもが教えてほしいと言ってきたり、わからないから無関心になってしまったりしている時は、それなりに親さんのサポートがあってもいいでしょう。しかし、学習内容を親さんのペースで教え込んでいる場合は心配です。

それは、宿題の目的にも関係してきます。教師としては、学習の内容を宿題に出すということは、忘れ防止や、繰り返し練習による定着も願っているのですが、「わかったつもり」を見直すことや、基本的生活習慣の定着まで狙っています。

ところが、親さんが授業と同じように学習内容を教えると、教え方うんぬんではなく、マンツーマンで愛情が入りすぎてしまうことから、つい「こんなこともわからないの?」「さっき言ったでしょう」となってしまい、それを子どもがどう受けとめるかが問題となってしまいます。

親子関係なのに、緊張する関係や考えることまで頼る関係ができてしまいそうです。これでは将来、試練があった時、自分で智恵を出して解決に向かうことに加え、家族に癒されるということが難しくなってしまいます。

そこで、学校の宿題を通して親が一番教えたいことは、自分だけでもんもんと考え智恵を出すことの大切さです。学校では教師や友だちがいて、指導されたり相談したりして、学習内容を自分以外の人からも影響を受けながら考えていきます。

だからこそ、家では自分一人でもんもんと考えてほしいのです。宿題はほぼ毎日あります。1日1回、自分だけで考えて智恵を出すことをしてほしいのです。そのチャンスに親が入り込んでしまうのは、惜しいことです。つまり、宿題は自分で考える場だから親は教えないということを、教えてほしいのです。

学校の宿題で、親が二番目に教えたいこと

宿題の目的にもうひとつ、すごいものがあります。それは、1日1回、めんどうなことと向き合う、つまりストレスと向き合うことができるということです。

せっかく学校から解放されて、家でくつろいでいるのに、それでもやらなければならないめんどうなことがあるというのは、子どもにいい体験です。世の中、すっきりできる時はあるけれど、それでもなんだかひっかかるものはあると、体でわかってほしいのです。

そのために宿題の存在というものが役立ちます。ストレスというのは、避けられな

いもの、なくならないもの、そして、習慣にしてクリアできるものと実感できます。よってこれが、宿題を通して2番目に教えたいことになります。学校の宿題というのは、生き方も教えてくれるのですね。

6章

わが子の心が折れても大丈夫

——親ができること

1 守る時か、突き放す時か、迷ったら

「もう、できない……」とわが子に言われたら、どうしますか。

親として試されているようでドキドキしてしまいます。「わが子がつぶれてしまうかも。できないのならやめさせよう。助けてあげよう」と思うか、または「わが子なら、まだできそう。この試練を乗り越えてほしい。甘えさせると本人のためにならない」と思うかですね。「かわいそう」と「頑張れ」という思いが交差するところです。

この迷いは、子育てにずっとついてまわります。しかし、迷うことは、悪いことではありません。迷いがあるから、繰り返し思いをめぐらして、子どものことをよく考えることができます。

問題は、子どもの心が折れそうかどうか、見極めに迷った時です。心が折れていたら、子どもを守る気持ちで向き合ったほうがいいでしょうし、折れていなかったら、

突き放しつつ見守るだけでもいいでしょう。または、心が折れたとしても見守ったほうがいい時だってあるでしょう。

心が折れそうかどうか迷ったら、親としてすること

「時々、子どもが何をしているかわからなくて心配です。うちの子は学校のことを話してくれるタイプではないので、わが子なのに状態がつかめません」。これは低学年の学級懇談会で出された親さんからの話です。その投げかけに対し、ある親さんが、なるほどと思うことを返してみえました。

「もう大きくなったから、ずっと子どもについて一緒にいるわけにはいかないのですが、観られる範囲で観るしかないですね。何かあったら、まだ子どもですから気配が伝わってくると思います。よく観ていれば、子どもがどうなっているか、なんとなく感じます。聞きすぎたり、心配しすぎたりするよりいいですよ」

これは、いいアイデアです。心が折れそうな子に対しても同じです。実際、心が折れそうと感じた子や心配な情報をもらった子に対して、先生やスクールカウンセラーはまず観察します。

「観察」というと、なんだかかまえてしまいますが、なんのことはありません。よく観ればいいのです。中学年ぐらいまでの子でしたら、子どもは親に観られて嫌がることはありません。逆に安心するくらいです。それも、心が折れそうかなと迷った時だけ、とくに観察すればいいのです。ほかの時は、感じるくらいでいいでしょう。

そこで、「観どころ」です。目で見るだけじゃなく、心で感じながら観るという願いを込めます。先ほどの親さんの言葉「観られる範囲で観る」の実際です。

まず、顔つきです。ご飯やお風呂の時など、何気なくそばにいる時でいいのです。目の動きや目のまわりが普段とは違いませんか。

極端な時は、チック（体の一部がひきつるように早く動く）が出る時もありますね。今まではしなかったのに、よく爪を噛むようになったり、口に手や物をもってきておしゃぶりのようなことをしはじめたりしていませんか。爪のまわりにある甘皮や、まつ毛を取りすぎていませんか。また、ご飯の食べ方はどうでしょうか。

さらには心で感じるということから、子どもの「ただいま」や親を呼ぶ時の声はどうでしょう。寝顔はどうですか。ぬいぐるみや親の物をこだわってもって寝るようになったとか、一人で寝れないとか、変わったことはないですか。

これらは、子どもを観ていると感じることができます。観ていれば、もっと他にもあるかもしれません。

「子・守り」と書いて、「こもり」と読むから

ここで、親として迷う選択肢のひとつ、「子どもを守る」もともとの方法です。

今は子どもが少し大きくなってしまいましたが、子どもが小さい頃には、親だったらだれでも子守りをしていましたよね。これこそ子どもを守る方法です。子どもが笑ってくれるようにあやしたり、寝かしつけたりしましたよね。

これこそが究極の子どもを守っている姿です。抱っこやおんぶもいいですね。まだ子どもはしてもらいたがっています。もう大きくなったからとか、小学生になったのだからとかと手を引いてしまうのではなく、子どもの心が折れそうな時は、子を守るもともとの姿に戻りましょう。心が折れて乱暴になってしまった低学年の子を、半年間おんぶし続けたら、もとの心やさしい子に戻った経験もあります。

また、寝かしつける時に、絵本を読んだり、じゃれあって「ボケとつっこみ」を

やったりして楽しむのもおすすめです。親がボケ役です。「むかし、むかし、おじいさんが川で洗濯をしていたら、竹が流れてきました」なんて適当に話せばいいのです。子どもが「おばあさんでしょ」「桃だよー」とつっこんで、笑顔で寝ることができます。子どもを守る歌「子守唄」も有効です。

2 わが子の心が折れそうだと気づく時

気づきませんでした。私はわが子の心が折れそうなことに気づこうともしませんでした。今思うと、ありがちな失敗談ですが、他の親さんよりたくさんの子どもを見てきた現場教師の私なのに、気づけなかったのです。

普段から無茶をしない子で、ふつうに塾へ入れただけと思っていました。目に見えてヘンになっていって、初めて焦りました。しかし、仕事ばかりしていて子どものそばにもいなかったので、最初はどのようにヘンになっていったのか、やはりわかっていませんでした。

しかし、これが「ヤマ」となって、子どもも私もいろいろと考えることができました。いろいろとは、本書に書かせていただいたことです。本項、「わが子の心が折れそうだと気づく時」についても、振り返りながら考えました。しかし、これは当事者だった私にとっては難しい振り返り作業でした。

わが子といえども、見えないものは見えない

「灯台下暗し」とは、よく言ったものです。一番近くにいる親なのに、わが子が見えないのです。または、わが子だからこそ、見えないのです。

小学2年生のFさんは、家庭ではふつうだったのですが、担任に甘えてくるようになりました。困ったり泣いたりすると、すぐに担任の服につかまるようになりました。そのことをお母さんに連絡すると、お母さんは子どもへの対応を考えるようになりました。しかし、まだピンときていない家族は、「何をしているんだ、頑張れ！」と叱咤激励に走ってしまったのです。それが2年間続いて、その後5年生で不登校に

なりました。心が折れてしまったのです。

このように、見えそうで見えないのがわが子の心の中です。わが子といえども、見えないものは見えないのです。子どもに寄り添うって難しいですね。

どうしてこのようになってしまうのか、私自身の反省も含めて、今だから言える訳が3つあります。

1つ目は、子どもは心が折れそうな時でも、その場の雰囲気で突然に明るくなることがあるので、見ていても気づきにくいのです。子どもは目先のことに影響されやすく、根底に嫌な気持ちがあっても、その場では笑えてしまうことがあるのですね。そんな場面を見て、親は大丈夫だと思ってしまいます。

2つ目は、親は子どもの幸せを願うあまり、子どものヘンになった姿を感じても無意識にふたをしてしまいます。親としての挫折感や不安は味わいたくないので、自然に避けてしまいます。子どものいい姿を頭に焼きつけ、印象をよく保っているのです。親は、うちの子は大丈夫と思いたいのです。

3つ目は、子どもの心が折れることへのイメージがないから、見えないのです。当然です。子どもが起こすニュースを聞いたり、不登校・引きこもり等という言葉を知ったりすることはできますが、子どもの心が折れたことについて、その詳細について知ることはめったにないからです。

以上これらのことから、わが子の心が折れそうなことに気づくのは難しいのです。

わが子の心が折れても大丈夫だった

もし、わが子の心が折れてしまったら、「なんで？　なんで折れたの？　この先どうなっちゃうの？　また元気になれるの？　私はどうしたらいいの？」と不安で仕方がなくなります。

しかし、子どもの心が折れても大丈夫です。それどころか、子どもの時に心が折れるという貴重な経験ができて、人生のいい勉強ができたと思えます。親にとっても貴重な体験ができ、人生のいい勉強ができました。なんといっても、親子で真剣に向き合うことができたのです。

実際に私が出会った心が折れた子のその後は、とても充実しています。「ヤマ」は越せるものです。子どもの時に心が折れたからといって、終わりではないのです。学ぶ場が増えたということです。

繰り返し言いますが、わが子の心が折れても大丈夫なんですよ。大丈夫にするのです。わが子の心の状態を観ていてくださいね。

3 折れた心の回復は、想定外になって当たり前

「這えば立て、立てば歩めの親心」という言葉があります。生まれてきたばかりと思っていたわが子が、這うことができ、立つことができ、歩くことができるようになったと、わが子の成長を楽しみにしている様子を表わしたことわざです。

子どもは時間と共に成長していきます。子育ては大変だけど、親の頑張りが子どもを大きくさせていると思うと、報われる気分です。

そうなるとつい、心は体と一体化して同じだから、心も時間と共に正比例のように成長していくと思ってしまいます。さらには、心が折れた時も、時間と共にしだいによくなっていくと思ってしまいます。しかしこれは、思い込みであり、願いです。しかも、願いが強すぎて要求になっているのです。「心が折れても、時間と共によくなれ！」と。

今まで多くの子を、時間を追って見てきて感じるのは、「心」は不思議ということです。体と違って、ひと言でまとめられないのです。心は、正比例に成長する時もあれば、止まってしまう時もあり、よくなったかと思ったらまた戻る時もあり、突然急によくなっていく時もあり、とてもスローペースな時もありという具合で、「時間と共に進んでいく」という具合ではありません。季節やちょっとした気分に影響される時もあります。わが子といえども、わが子の心は想定外なのです。

心は不思議だから、正比例にならない姿

「ママー、抱っこー」。少しなつかしい感じがしますよね。でもこれは、小学2年生の子の声。いえ、叫びです。「赤ちゃん返り」のようです。本当に赤ちゃんに戻ったように、お母さんの後を追って、すがるように甘えてくるのです。

「私にべったりなんです。ちょっとでも私の姿が見えないと、ママ、ママって呼ぶんです。トイレにも落ち着いて入れません。ドアの所で待っているんです」とお母さん。この状態の時期は、お母さんなしで学校にいることができませんでした。一人で学校生活が送れるようになるまで3年ほどかかりました。その間は、まさに紆余曲折で、進級時などは突然一人でできるようになったり、よかれと思った声がけがかえって不安を与えてしまったり、遅々たる歩みになったりして、不思議な経過でした。

また別の子ですが、「家族が亡くなった時、泣いてはいかんって言われた」と、数年後に心が折れて荒れてしまった子がいました。励まされたのですが、本当はとても泣きたかったのですね。幼い時に「泣くな」と言われ、ずっと心に残っていたようです。しばらくの間はなんともなかったのですが、小学校中学年になってから荒れてし

まいました。忘れた頃に折れた心が表出したのです。

心が折れた子に「まだ回復しないの？　まだできないの？　もうこんなことやめようよ」と声がけをしても、酷なことです。マントを着ている人に北風を吹かせているようなものです。よけいにマントにしがみつきます。それより、こんな感じで過ごせたらマントが脱げます。

先ほどの「ママー、抱っこー」の子の続きの話です。外に出かけられるようになったのですが、まだ学校がある方向には抵抗があるので行けませんでした。

そこでお母さんは飼いはじめた犬の散歩で、「これこれ、引っぱっちゃダメ」と言いながら、学校の方向へ引っぱられるふりをして走って行ったそうです。すると、この子も思わず一緒に学校の方角へ行きました。「犬のおかげです」とお母さんは笑って話されました。

その時もきっと今と同じようにお母さんの笑顔があったのでしょうね。この子はそれを見て安心できたのです。笑顔の触れ合いのおかげです。子どもの心が折れたからこそ、親子が向き合えたひと時です。この話を聞いた時、私まで笑顔になれました。

4 「原因」を探すより「事実」を探す

「どうして、こうなったの？」

わが子の様子がヘンになって、まず親が口にしてしまう言葉です。そうなんです、驚きです。「まさか、うちの子が」とよくある言葉を続けてしまいそうです。または、「気をつけていたのに……」と落ち込む親さんもいます。

どちらにしろ、まずは本人に聞きたくなります。そして、これは何か原因があるんだ、原因を探すことが親としてできることだ、と思ってしまいます。

ところが、原因を「追究」（真理を明らかにする）していたつもりが、「追及」（責任を追い詰める）することになってしまうこともあるのです。

はじめは、何がいけなかったのかと考えているのですが、はっきりとわからないので次第に、だれがわが子にひどいことをしたのかとなり、原因となる相手を決めれば、なんとなく落ち着けるのです。これは、子どもを守りたいという親の本能のなせることでもあるので、やむを得ない感じがします。しかしこの後は、親さん自身も、もちろん子どもも追い込まれることになってしまうので、考えものです。

「原因」より、子どものことを知るための「事実」を探す方法

そこで、わが子の様子がヘンになったら、「原因」を「聞き出そう」とするより、どんな「事実」があるのかを「聞き流し」ましょう。そうです。聞き流すくらいにして待っていると、子どもは事実を語ってくれますよ。

大前提として、子どもの話はわかりにくいものです。一所懸命に聞いていても、わかりにくいものです。主語がわからない、時間の前後がつかみにくい、状況なんてますますわからない、という具合です。でも聞くだけでいいのです。聞いて親がなんとかするというより、ゆくゆくは自分でなんとかしてほしいので、聞くことこそ、親にできる最も大切なことです。そして、事実から考えていきたいものです。

たとえば「休み時間、一人でブラブラしていた」と言えば、これは、友だちと遊ん

でいない、本を読まないという事実です。また、「○○さんがこわい。友だちに怒っていたのを見た……」と言えば、○○さんを見てこわいと感じたというのは事実です。さらに、怒られた訳は知っているのかという事実をゆっくり聞きます。

こうした事実から、この子を知ることが、また本人も自覚することが、客観的に捉えられた事実となって親子共々、前に進めます。わが子に「もっと教えて」と思いながら、聞き流してみましょう。

5 子ども自身が「原因」を訴える時は

「○○さんがこわいから、学校に行かない」と子どもが言いました。

この子は原因が言えました。「○○さんがこわい」という原因で今自分がとても困っている、と説明できたのです。これは、親としては少し助かった気分です。心が折れた子や折れそうな子は、なかなか表現して伝えられません。ましてや幼い子はまだ発達途中なので、表現して伝えること自体が難しいのです。

伝えられなくて当然なのに、伝えられたのだから、よほどのことです。そして、どの親さんも、原因をしっかり受けとめようとします。親として、踏ん張りどころと覚悟します。

そこで、この原因の受けとめ方です。原因を本人が言うのだから、その原因と向き合いやすいのですが、原因に目が行きすぎて、子ども本人に目がいかないことがあるので、気をつけたいものです。

子どもが原因を訴えてくる3つの特別な時

「○○さんがにらんでくる」と子どもが原因を言ったとします。すると親さんとしては、どうしてにらんでくるのか、うちの子が何かをしたのか、先生はそのことを知っているのか、○○さんの親はこのことを知っているのか等と、いろいろと考えてしまいます。そこで、これを例に、心が折れそうな原因となっている「○○さん」より「わが子」に目を向けて考えてみます。

1つ目は、「○○さんがにらんでくる」というのが、わが子側の受けとめだということです。そのように感じたんですね。親を含む第三者から「たいしたことない」とか「気のせい」と言われても、本人がそう感じたら、そうなります。

本当は、わが子のほうが先に気になって見ていたら、その子が見てきたのかもしれません。見られたことを、「にらんだ」と感じているのかもしれません。でもそんなことより、「わが子」に目を向けると、友だちからの目線をすごく気にしているということですから、○○さんとの関係を心配しているか、または自分に自信がなくなったか、または○○さん以外の友だちとうまくいっていないか等も考えられます。どうやら人間関係に不安があるようです。

2つ目は、「子どもが原因を明らかにして親に話している」ということから、親をすごく意識していると言えます。子どものタイプにもよりますが、心が折れそうな時、親によく話してくるのは、かまってほしいとか、そばにいてほしいという気持ちが強くなったとも考えられます。とにかく、親から愛されたいという気持ちが強くなっているといえます。なにか心細いとか、さみしい時なのでしょう。親のほうを見ています。親の愛がもっとほしいようです。

3つ目は、「まったくのうそ」という場合もあり得ます。にらまれた嫌なことは、本当はなかったというか、なんとなくすべてが嫌になってうそ（妄想）を言ってしまったということです。現状をなかったことにしたいほど、現状がつらいからそう言ってしまったのです。

この場合は、〇〇さん以外のことで現状を洗い出す必要があります。または「自分を見て」という心の声が聞こえます。この3つ目は、最近とくによく見かけます。子どもが堂々とうそを言って注目されようとするので、まずは、うそはもちろん注意しますが、うそをつく背景を見つめたいものです。

6 居間の環境を癒しの空間にする

「わが家が一番！」と、子どもは思っています。「当たり前です。家こそわが子を守ってあげられる一番の場所です！」と、親は声を大にして言いたいですね。

そうです。子どもにとって親がいるだけで、そこが一番の場所です。子どもの心が折れそう、折れたという非常事態の時こそ、子どもが「やっぱり、わが家が一番！」と思えるような場所を家の中に確保してあげたいものです。

さて、そこでみなさんの居間はどうでしょうか。居間というのは家の中でもとくに、子どもへの影響が大きい場所です。親がわが子と自然に関わることができ、長い時間います。日常にいろいろと子どもに影響を与えることができる場所です。

そこで、今までたくさんの家庭訪問をさせていただき、その時に見させていただいた居間と子どもの姿から、学んだことをまとめてみます。

癒しの空間3つのポイント

心が折れたり折れそうになったりしている時、子どもはとても疲れていて、返事をする力もないほど弱っています。そのような時、居間の環境を癒しの空間にしたいものです。そこで、3つの観点から見てみます。

1つ目は、人がいる居間です。テレビ中心ではなく、人が中心です。これは、子どもも中心でなくていいのです。家族のだれもが平等にいるくらいのほうが自然でいいですね。また、親は努めて自然体でいられるといいです。子どもを待ちかまえたり、観察しすぎたりしないでください。そっとしておけばいいのです。

でも、親が携帯電話やパソコンばかり見ているとさみしいです。人はおしゃべりするだけでも癒されるのです。子どもが何を話してくれるのか、楽しみに待ってください。親の笑顔がある居間が一番ですね。

2つ目は、居間の環境と雰囲気です。当たり前ですが、冬は暖かで、夏は涼しくしてあるといいですね。過ごしやすい季節は、窓が開けてあると最高です。そして壁や床は適当にスッキリさせてください。あまりに子どもの作品や写真を飾るとプレッシャーになる時があります。

雰囲気としては、食事やお風呂の延長線上にある感じです。食べ放題や裸はまずいですが、そこでの幸せ感の余韻が味わえるようなイメージです。食事や入浴というのは、癒し時間なので引き伸ばしたいですね。

３つ目は、居間にあるとよい癒し系アイテムです。まずは、緑です。花や観葉植物一本でもいいですし、道に咲いている野花や雑草でもいいのです。緑への子どもの反応がなくても、なんとなく感じてくれます。

また、アートがあるのもいいですね。音楽や絵画です。アートを味わうことは癒しです。さらには何か作業をすることもいいですよ。手づくりをしてみる、お料理やぬり絵、工作もいいですね。これらすべてが癒しになります。

動物がそばにいるのもいいことです。触れる動物がいいのですが、好きな動物が一番です。

そして、おもちゃです。もう大きくなったからといって片づけてしまったかもしれませんが、「ごっこ遊び」なんかができるといいですね。絵本もすごくいいです。年齢より幼い子用の絵本はとくにいいです。遊びは癒しです。楽しめそうなものはありましたか。

安心できる居間づくり

子どもの心が折れそう、折れた今こそ、子どもにとって居心地のいい居間にしたいものです。そこでとっておきのポイントがあります。

まずは、居間に子どもが休める椅子があることです。特別に子ども用の椅子を用意するというより、ソファーや長椅子の上に何も置かず、さっと座れるようにします。または、こたつが置いてある居間なら、座椅子や壁に寄り掛かることができる場所に座布団が多めにあるのがいいでしょう。床に寝転がるのは、倒れ込んでしまった雰囲気になるので要注意です。

そして、居間のテーブルやこたつの上を、ある程度すっきりさせることです。これは子どもに物を持ち込んでいらっしゃいという雰囲気づくりです。机の上は、視野に入りやすいものです。あまりに物がなくきれいすぎるでもなく、物があふれて雑然としているでもなく、子どもが座る所の前がスッキリしているぐらいでいいのです。

このように、子どもが座れる椅子、自分の物が置けるスペースをつくることが、「心が折れた子ウエルカム」という雰囲気になります。自分の部屋や寝室に閉じこもっていないで、ここにも安心できる場所があると伝えたいですね。

7 愛しさを子どもに伝わるように伝える

「かわいいなぁ、あなたがいるだけで、なんかほっとするなぁ」と、時には口に出して言ってみたいですね。それもちゃんと、わが子の目を見て言いたいです。

しかし、なかなか言う時がないような気がして言えません。いえ、わが子が小さい時は、言っていたかもしれません。でもわが子の反応や、自分の照れで、またはそんなことを言う必要もないような気がして、言わなくなっていくのですよね。しかし、今こそそれを言う時です。子どもが救われます。親の愛情は、必ず子どもの生きる力になります。

わが子の心が折れそうな姿を見るのは、つらいものです。そして、当の子どもはもっとつらい思いをしています。しかし、そんなわが子のつらそうな姿も、親は愛おしく思えてしまう気持ちがあります。心が折れそうでつらそうにしている姿は、じっと見ていると、かわいそうという気持ちとかわいいという気持ちが紙一重で出てきます。それが親の愛情ですね。

伝える側の親と、受けとる側の子どもとのズレ

「愛情不足」。親としては言われたくない言葉です。だいたい不足とか満足とか、愛情の基準なんて考えつかないし、今まで子育てでそれなりに苦労してきたのですから、愛情不足のはずがありません。

しかし、愛情というのは、相手がいることなので、相手が愛情を感じているかも重

要です。わが子を一所懸命に親として愛してきたのに、わが子が愛されているという安心感が持てずにいたら、それこそとても残念なことです。

そこで、わが子に親の愛情が伝わっているか、子どもが大変な時こそ、確信したいものです。いえ、これまで伝わっていようがいまいが、今これから確実にさらに愛情を伝えていけばいいのです。心が折れそうな今が大切なのです。今こそ、今からこそ、愛情が伝わるように伝えましょう。

では、子どもへの伝わる愛情の伝え方のポイントです。それは、愛を伝える側の親と、受けとる側の子どもとの間には、ズレが生じやすいので、それを親側から意識することです。これは今まで、たくさんのいろいろな子たちの担任になり、親の気持ちで接しなければならない教師だったから、わかったことです。

まず、子どもは、やはり子どもですから未熟です。わが子と言えどもわかりやすく伝えないと、伝わらないものです。きちんと口で言っても、それでも聞き逃してしまうことだってよくあります。その程度ですから、口で伝えるだけでなく、態度で表わしながら、それも繰り返し伝えていくのがいいのです。「愛している」ということを口でも態度でも、繰り返し伝えます。

また、子どもは親から愛情を受けとったとしても、その受けとったことを親にわかりやすく返してくれません。つまり、親が熱い思いで愛情を伝えても、子どもは無表情だったり、涼しい顔だったりして、反応がイマイチなのです。とくに心が折れそうな子は、ほとんど無表情に受けとります。それがふつうだと思ってください。でも、内心は喜んでいるのですよ。伝える側と受けとる側のズレを親が意識して、何度も惜しみなく、愛情が伝わるように伝えてくださいね。

やって見せて、言って聞かせて、愛を伝える

「やって見せて、言って聞かせる」とは、子育てをする時の心がけのようですが、ここでは、親が心の折れそうな子どもに愛を伝える時の方法としてお伝えします。親の愛は、心が折れることへの予防薬にもなるし、一番の治療薬です。子どもがまだ幼い今こそ、また心が折れそうな今こそ伝わるように伝えたいものです。

まずは、やって見せる方法です。これらは子どもが小さい時にやっていた方法もあるので、思い出して、今度は意識してやればいいのです。親から実際にやってもらえると、子どもって本当に喜んで愛情を感じますよ。それは、頭なでなでや頭ポンポン、ハイタッチ（手を上にあげて、手のひら同士でポンとタッチする）です。親のひざに乗せてテレビを一緒に見る、一緒に寝ながら背中をなでてあげるなど、親が子どもにアクションでやって見せ、子どもに直接触れて愛を伝えるのです。

次に、言って聞かせることです。かわいいと感じた時に「かわいいなあ」、愛おしいと感じた時に「いいねえ、ママは大好きだよ」、わが子が大事と思えた時、本人の前で「うちの子が一番だから」などなど、素直に口に出して言ってください。ちゃんと言ってわが子に聞かせましょう。それでいいのです。

7章

まずは心が折れない親になる方法

1 心が折れない親がいれば、子どもはとても救われる

「ねえ、見て、見て」。子どもは親によく言います。親にかまってもらいたいし、認めてもらいたいし、頼りたいからです。なにより愛されたいからですね。だから子どもは、親が自分を見てくれているか、じっと親を見ています。こうして親を意識し、親を見て、その結果、親からの影響をたくさん受けます。

ですから、子どもに見られている親の心が安定していたら、子どもはとても救われます。もちろん親も心が折れそうになることはありますが、子どもの心が折れそうになった時、頼れる親がいたらとても心強いです。親は子どもが頼る最後の砦です。

そこで、親の心が折れそうな時、親として子どもの前でどうしたらよいのかを考えることはとても大切なことです。

親の心が折れそうになる時の第一歩

担任をしていると、子どもと親さんを共に観ることができます。子どもの現実の姿と共に、頼りがいのある親さんに出会うことがあります。それは、子どもや自分のことを、気にかけている状況と共に、そのままに話せる親さんです。つまり、心が折れそうなことを自分で認めて、自覚している親さんです。

困ったり迷ったりしていることを真顔で「どうしたらいいのか……」と、時には目に涙をためておっしゃるのですが、話しながらも一所懸命に考えておられます。こういう親さんの子どもを、その後もよく見るようにしているのですが、親子共々笑顔がありふつうの生活に戻っていきます。あの素直な話しぶりの親さんは、心が折れそうになっても自分でなんとかしていけるのだと、実感しました。

つまり、心が折れない親になるための第一歩は、自分も心が折れるかもしれないと自覚することです。落ち込んではいけないと無理したり、落ち込むことに罪悪感をもったりするより、まずは心が折れることは私にもある、親にもある、と認めることが第一歩になります。折れそうになるくらい頑張っていると思うことから、次のステップです。

そこで、注意点です。親さん自身が、心が折れそうになったことを自覚することはよいことなのですが、それを子どもに過剰に伝えてしまうのは、子どもの負担になることがあるので、配慮が必要です。

私が受けもった子の中に、親さんにとても遠慮している子がいました。もちろん本当の親子なのですが、「お母さんは今、大変だから……」と気を使っていました。ですから、親さんに甘えられないでいました。優しい子です。その分、担任に甘えることができる子はいいのですが、それもできない子は八方ふさがりになります。

子どもはよく親を見ているので、あり得ることです。子どもは小さいながらも、親のことが大好きなだけに、親の心が折れそうだと感じると、かばおうとするのです。その結果、親子共々心が折れそうになるのです。

心が折れても大丈夫な親になる二歩目

長い時間をかけて築いてきたことが一瞬で壊れることが起きたり、小さな失敗でも何度も重なったりすると、心が折れてしまうことがあります。そして、後々引きずってしまうことも当然あります。しかし、心は変化させることもできます。つまり、意識すると気分を変えることができるのです。ということで、心が折れても気分を変えていけると、知って意識することが二歩目です。

たとえば、とても嫌なことがあった後に、わが子と対話する時、顔を見る時です。親として子どもへの影響を考え、心が折れたけれど、気分を変えてみようと意識してみましょう。その気になれば、気分は変わっていくものです。

ただし、気分を変えて、固くなった心を多少なりともほぐすことはできるのですが、「過ぎたるは及ばざるがごとし」です。本来は心が折れたら、機が熟して回復するのを待つことが大切なので、その自然なペースに任せることが前提です。この二歩目は、子どもの前でだけ少し意識したい対応です。自分の心に無理をするのはよくありません。

2 子どもが落ち込んだ時、「役者」になる

「教師は五者になれ。学者（学問の殿堂）、医者（診断や治療）、易者（カリスマ性）、役者（観られる姿）、芸者（遊べる心）」とよく言われています。子どもと向き合う上でどれも大切なことです。そしてこれは親子関係でも活用できる部分があります。それは「役者、芸者」の部分です。とくに、心が折れない子どもを育てるためには、「役者」になるということはとてもいいことですよ。

役者になるということは、子どもの心が折れそうになっても、親はその雰囲気の外にいるような感じで、第三者になったり、冷静になったりして、クールダウン、つまり落ち着かせることができるからです。本当は、子どもの心が折れそうになったら、親だって心中穏やかではないのは当たり前です。でも、役者になって、巻き込まれないようにします。

さらには、役者になるということは、親自身の心が折れそうになった時にも、利用できます。親が心が折れそうなことを、まだ小さな子どもの前で素直に出すと、子どもにとって心の負担になる時があります。「親のプロ」という気持ちで、悲しい時でもプロになり、切り替えることをめざしてみましょう。

「役者」になって、親子共々クールダウンする

Hさんは小学校中学年。小さい時から音楽に親しんできました。ですから、演奏がとても上手ですし、楽譜も読めます。音楽が関係する行事があると、進んで伴奏者や指揮者に立候補していました。ところが、前からめざしていた行事に限って、伴奏者にも指揮者にもなることができませんでした。人数の多い学年ですから、そういうこともあります。

しかし、Hさんは納得がいきませんでした。とうとう、代表に選ばれた子の髪の毛を引っ張り、気持ちをぶつけてしまいました。先生から注意を受け、泣いて家に帰ることになってしまいました。そんなことがあったHさんでしたが、次第にまた音楽を楽しむようになりました。

Hさんの親さんに、泣いて帰った後のことを伺うと、「話は聞きましたが、どうしようもないことなので、その後は避けました」と遠慮がちに言われました。「避けた」と表現されたのですが、それは「雰囲気を変えた」ということですね。役者ぶりを人に話すのは恥ずかしいものです。現にそのお母さんは、私が聞いた時も丁寧に明るくかわされ「雰囲気を変えよう」として、役者のようでした。家庭での親子関係が想像できます。

次に、親さん自身の心が折れそうになった時に、子どもの前で役者になった時の話です。Ｉさんの親さんは家族でお店を経営していました。しかし経営がどうもうまくいかなく、お店をたたまなければならない寸前でした。「今はお店のことでいっぱいなので、子どものことまで気がまわっていないかもしれません。ご迷惑をかけていませんか。子どもに何か変わったことがありましたら知らせてください」と相談にみえました。

そういえば、そのＩさんは最近よく甘えて私のそばにいるとは思いましたが、それ以外のことはありません。その後、数か月たってもＩさんの様子は変わりませんでした。「最近、おうちの人、元気かなぁ」とさり気なくIさんに聞いてみました。すると、「うん、元気だよ」と言うとすぐに話題が別の方向へ展開されてしまいました。それくらい、ふつうの状況のようです。親さんが子どもの前では役者になって、つらい雰囲気を出さないように頑張っているようです。親さんの心中を思うと、ますますその親子が愛しくなりました。

3 説教よりも、親の失敗談は、言うほうも聞くほうも「素」

子どもの心が折れそうになると、親は励ましたくなってしまうものです。そして子どもがまだ小さいと、つい具体的に言って励ましたほうがいいと思って、自分の小さい時のことを交えて話します。それが、長い説教となってしまうことがあります。もちろん、説教は悪いことではありません。親だったら当然、わが子に教えたいことがあります。それをなんとか伝えようとして一所懸命に語るのは、親のできる大事なことです。

しかし、説教には気をつけなければならないことがあります。説教が、つい自分の昔話か自慢話になってしまったり、自分が説教して改心させるヒロインになってしまったりと、親自身のためのものになってしまうことです。それはそれで、しゃべることでストレス発散になり、親の心を癒してくれて、心が折れない親になることにもつながりますから、いいこともあるのですが。

そこで、わが子に語りたいのは、親の失敗談です。失敗談というのは、話しはじめる時は、かまえてしまいますが、話し出すとけっこう、力が抜けていき、「素」になれます。親自身が大人になった今だから、こんな失敗をしちゃって、自分ってけっこうかわいいなあと思うことができます。話し終わった時には、お気楽な気分になれ、自分の失敗談が自分の癒しになります。また、親の失敗談を聞いた子どものほうも、素の親を味わい、「ありのままに生きる」ことに触れることができます。心が折れそうな子にとっては共感を覚え、癒しになります。

子どもが、とんでもないことを言った時

「遠足に行きたくない」こんな言葉をわが子が言ったら、親としてどうしますか？「何、言ってるの。遠足って楽しいでしょう。みんなで行くし、たくさん遊べるよ。お母さんなんか子どもの時遠足で〜〜（略）。とにかく遠足は楽しいんだから、行きなさい」と、長々と話してしまいます。

このような具合で、今の子どもは時々、親の感覚でははかりしれないことを言います。親からしたらとんでもない感覚だと思うのですが、それは、子どもの心が折れそうな時ともいえます。子どもなので、ついポロンと本音が出てしまって、気持ちを伝えてくれたのです。

行きたくない、楽しくないと感じているのは子ども本人です。それを親が楽しいということを伝えても、しょせん他人事になります。自分が感じたことを変えることは難しいことです。ですから、先ほどのようなことを親が言っても、心に響かない説教となってしまいます。

実際に、遠足に行きたくないという子は、時々います。こういう時は、友だち関係だけでなく社会にも抵抗がある時があります。教室のように前を向いていればいい時は、それなりに過ごせるのですが、遠足のように自由な空間や時間の場でどうやって過ごしたらいいのかわからないのです。ひいては、心が折れそうになることにつながります。こんな時は、「そうか、遠足に行きたくないんだ」と気持ちを受けとめて返せば、それだけで十分な場合もあります。子どもにしてみたら、思ったままを言って、何か返してもらいたいのです。

失敗談も説教も腹八分目に

小学校の道徳の授業の終わりに、先生自身の失敗談を語る時があります。たとえば、2年生に「友情」を考えさせたい時、『泣いた赤おに』という資料で、村人と仲良くなりたい赤鬼のために、身を引いていく青鬼の気持ちを考えさせる授業があります。そして最後に、ある先生は、「先生も小学校の時、仲のよい友だちがいてね。実はある日、その友だちから宿題の答えを見せてと言われたから、見せちゃった。でもそれはいけないことだよね。友だちに嫌われたくないから、やめようと言えなかった。「反省」と語りました。それで授業は終わりです。解説もダメ押しもなく、余韻を残すことを意図しています。

いということです。つまり、このようなことです。

ここから多くのことを学べます。それは、説教や失敗談のポイントは腹八分目がいいということです。つまり、このようなことです。

・親や先生でも失敗してしまうという、ちょっとした逃げ場をつくる。説教する親も楽になる
・説教は短時間に限る。繰り返したり引きずったりすると、親子共々疲れる
・話の最後の雰囲気は、「しょうがないなぁ」「まだ子どもだからなぁ」と苦笑いする感じで終わる

4 学校の先生に頼ってみる方法

「〜〜してもらえますか」と人に言えますか？

遠慮する、迷惑をかけてはいけない、貸しをつくるのは嫌、自分でやらなくてはならない、「人に頼る」ことにはけっこう抵抗があるものです。しかし人間関係は、頼ったり頼られたりするのが自然です。ですから、頼ることは罪悪感をもつようなことではありません。それどころか、頼ることは大切なことです。とくに、心が折れそうになった時や折れた時には、必ず助けが得られるものです。

そこで、学校の先生に頼ることは、元現場教師としておすすめします。ただし、「ただし」が少しだけあります。

先生に相談する時に考えたいこと

だいたい教師をやっている人は、頼られたいと思っている人が多いのです。教育や医療関係に携わっている人は、子どもや患者さんをなんとかしたいと思って、気になって仕方がないのです。もし、親さんから学校の先生を頼って「教えてもらえますか」と言われたら、忙しくても、なんとかしたいと思ってしまう人が多いです。

そこで、頼るべき先生は原則、担任の先生です。担任の先生のことを、見た目で「違うかも」と感じても、話すだけですっきりするかもしれません。

親として教えてもらいたい内容は、まずわが子に関する学校での情報です。わが家以外の所で、他の人から見たわが子の姿を伝えてもらうだけでも、ずいぶんと参考になります。また、相談にのってもらうということは、答えがほしいものですが、それは先生から聞いた情報から自分で考え続けることとなります。納得のいく答えは、自分の中にあるものです。

さらに、元同僚たちをかばうわけではありませんが、実際、担任の先生というのは本当に多忙で、気になる子どもを大勢抱えています。その状況の中で突然相談をするので、以下のことを考えていただきたいと思います。

・担任の先生を必ず通します。「その子を担任しているのは自分」という先生のプライドを活用します

・前もって予約しましょう。終わる時刻も設定しておくとお互いに楽です

・担任の先生だからということではなく、対・人（たい・ひと）ということで感謝の気持ちをもつ

当然、担任の先生も、

・守秘義務がありますから、他の子どもや保護者の方に話すことはありません

・相談したことをわが子にも知らせたくない時は、そのように対応します

・親さんの気持ちを知ったうえで、その後の子どもを観ます

実際、私も学校現場で、相談や話し合いをしてきました。いじめ、子どもの人間関係、親の人間関係に影響していること、ケガの詳細、通塾についての話題もありまし

た。そして必要とあれば、再度担任の先生と話をして、相談後はどうなのか、交流し合うといいですね。

担任の先生に頼ることができない場合

それでも担任の先生に相談するのはちょっと、と思っている方には、「学校の先生」ということで、他の先生方を紹介します。

・学年主任の先生。学年に2クラス以上あれば学年主任がいます。学年内の先生たちと連携をとっていますので、配慮してもらえます。希望すれば担任の先生に匿名で伝えてくれたり、担任の先生とペアで動いてくれたりして、協力してもらえることがあります

・保健室の先生（養護教諭）。子どもたちが心身共に健康になるように仕事をしていますので、心が不調の時にも対応してもらえます。保健の先生の中には、心の問題にとても関心をもって取り組んでいる方もいます。子どもが一時的に「保健室登校」する方法も考えてくれます。また女性の先生ですので、家庭での子育てに関心

が高くて、親の立場で担任の先生と共に支援していただけることもあります

・教育相談や生徒指導の担当の先生。この先生方も相談の専門ですから、話し相手になっていただけます。カウンセリングの勉強をしている先生も多いです

・教頭先生。学校の組織でいう外商部のような立場でもあります。つまり、保護者やＰＴＡ関係全般の窓口ですから、他の先生を紹介するということもあります

そして、スクールカウンセラー。これについては、次項に詳細をお伝えします。

5 スクールカウンセラーはありがたい存在

困ったことがあると、身近な人、知人の中で話せる相手を選んで相談することが多いでしょう。ですから、悩みがあることを前面に出して、知らない人を相手に、まし

てや学校という場に行って相談にのってもらうとなると、抵抗を感じてしまう人もいるものです。あるいは悩みがあること自体を人に知られたくない、自分でなんとかしなくてはと思うこともあるでしょう。しかし、結局は自分だけで考えても進まず、解決できないでいることがほとんどです。

そこで、カウンセラーの出番です。カウンセラーと話し合うと、カウンセラーは相談者が客観的に自分を見つめることができるように支援をしてくれます。本当はどうしたいのか、状況の捉え方はどうなのか、これからどうすればいいのか、自分で解決できる方法を一緒に考えてくれます。よく話を聞いてくれますし、冷静に対応してくれますから安心です。「心の専門家」です。

とくに「スクールカウンセラー」は、お礼の心配もなく対応してくれ、一緒に智恵を出してもらえます。当然ですが、心ある方ばかりなので、身近に感じることができるでしょう。

スクールカウンセラーの役割

学校の中で教育相談や生徒指導を担当していた私は、スクールカウンセラーのお世話担当でもありました。スクールカウンセラーの先生の窓口となり、相談の実情や流れをたくさん見せてもらいました。

そこで、スクールカウンセラーの役割です。これは自治体の事業なので、地域によって違うという大前提でお伝えします。まず、スクールカウンセラーとは、「臨床心理士」という資格をもった心の専門家が多く、学校の先生ではありません。公立小学校では、小学校数校や中学校との兼任です。たとえば、1週間に1日5時間だけ学校にいるという具合です。

子どもだけでなく、子どものことで悩む先生やそして親さんも対象です。相談内容は守秘義務がありますので、必要以外、担任の先生にも伝えないほどです。ですから相談場所も、人とあまり出会わないような校内の場所（「相談室」や「なかよしルーム」という場所があるでしょう）です。たいていは予約が必要です。1回1時間ほど相談できます。活用回数は自由ですが、たとえば「5回でなんとか方向を見つけましょう」と話し合い、目標を決めたほうがうまくいきます。

このような実例があります。スクールカウンセラーの先生が小学3年生のJさんとその親さんと別々のカウンセリングをしていました。カウンセラーの先生はその子とおしゃべりを楽しんいるようで、遊んでいる感じでした。回を重ねて親しくなると、お手紙を交換するなど、心のつながりをつくっていきました。そしてある日、「ねぇ、Jさんのまわりにはどんな人がいるか教えてね」と言って、付箋に家族や友だち・先生等の名前を書いてもらいました。そして紙の中心に自分の名前を書いてもらい、そこに「ねえ、この子はどこに貼ったらいい？　妹はどこに貼ったらいい？」と、Jさんの心の中を目に見えるものにしていきました。

つまり、人間関係を図式化したのです。その結果なんと、お父さんと友だちのKさんが用紙からはみ出てしまい、自分から遠くにいる、または遠くにしたいという心を映し出すことができたのです。そしてカウンセリングを続けていくうちに、お父さんが何気なく冗談で言った「バカだなぁ、おまえは」という言葉を本気に受けとめてとても気にしていることや、友だちのKさんと遊んでいる時に、何気なく質問攻めにあっていることを洗い出すことができました。

子どもの心の中を目に見えるようにして、課題を見つけてしまうのですから、すごいことです。その後、Jさんはとても元気になっていきました。

6 本屋は、解決のための智恵の宝庫

本屋はとてもいい場所です。智恵のデパートです。今は、スマホなどで情報を得ることができ、ネットで本が注文できるので、本自体や本屋が遠い存在になったかもしれません。しかし、本屋は親も子も楽しめる場所として、そして心が折れそうな時こそ、いい場所なのです。智恵のデパートで遊んで、心が動かされそうなものに出会えたら、本を買って智恵を丸ごと手に入れてしまいましょう。

今まで見てきた、心が折れそうな子たちは、なんだか本当に心が固くなって、心だけではなく、体まで動けないという感じでした。何かにこだわってしまい、あれこれ考えたり行動したりすることができなくなってしまうのです。

ですから、出かけるまでのハードルは少し高いかもしれませんが、本屋に行けば、

今の課題を解決してくれる智恵との出会いがあり、ほぐれた気分になれます。

「智恵のデパート」本屋は、あちこちで遊べる

本屋は買いたい目的があって行くのも楽しいですが、目的もなくブラブラするのも楽しいです。ブラブラすることで固くなった心をやわらかくしてくれます。

たとえば、自己啓発本の棚へ行ったら、エネルギーあふれる本がたくさんあり、智恵や元気がズバリもらえます。そこが少しまぶしく思えたら、ちょっと疲れているということなので、もっと癒してもらえる棚に行けばいいのです。

癒しの棚とは、写真や絵が多い本の所です。心が折れそうで疲れている時は、字を追うことが難しくなります。そういう時は無理をせず、見るだけでいいのです。動物や風景の写真集や絵、おもしろそうな漫画もいいですね。最近は写真集だけど、自己啓発っぽいものもあります。自分の疲れ具合で、合うものを見つけてください。

また、トラベル系の棚で、どこかに行ったつもりとか、占い系の棚で都合のいいことだけを信じるとか、妄想でも遊べます。

さらには、本屋に行くだけで精一杯という、今にも心が折れそうな時には、アート

系がおすすめです。芸術はなぜか見ているだけで、心を落ち着かせ、ほっとした気持ちにさせてくれます。いいなぁと感じた物がアートです。お料理の写真だろうが、建築物の写真だろうが、タレントの写真だろうが、見惚れたら、それがアートです。

そして究極の癒しの本は、塗り絵の本です。一時期に流行りましたが、これはちゃんとした癒しを目的にした本なのです。

そして、親が本を手にするということの別のメリットです。本屋で見つけた本や家にあった本を、とにかく手にしてください。そして本を見ている親の姿を、子どもにさり気なく見せます。本を見ている姿は美しいものです。癒しになります。その姿が、子どもにとって心落ち着けるものとなります。

本屋で、親が必ず行きたいところ

さて、ここで親だからこそ行きたい本屋の棚があります。それはやっぱり、絵本の棚です。最近の絵本は大人用かと思うくらい見ごたえがあります。絵がとても美しいものであったり、個性的であったりして、見惚れてしまいます。また言葉の表現も豊かだったり、冗談がハイレベルだったりして、楽しめます。絵本に適正年齢はありません。子どもも大人も楽しめます。

そこで、絵本を見ている時の子どもの表情を思い出してください。子どもが本当に子どもの顔つきになりますよね。口がちょっと開き、体がリラックスして、本能のおもむくままのいい姿です。頭を適度に使う心地よさも味わっているでしょう。

この姿を、親が心が折れそうになっている時にこそ、真似したいものです。絵を楽しむのもよし、言葉を楽しむのもよし、何かを訴えられるのもよし、泣けてしまうのはもっとよし、という感じです。子どもにかこつけて、絵本コーナーでぜひ遊んできてください。

エピローグ

心が折れようが
折れまいが、
子どもって愛しい

1 心が折れそうになったわが子のその後

「もう、いいって」

わが子にそう言われた時、思わず「ふん」と思いましたが、その通りです。子どもがある程度の年齢になり、大きくなったら、関わりようがない時があります。でも、私たち親子には、一緒に頑張った経験がドーンとあるので、いくつになっても、つながっている気持ちが私側にはあります。

わが子の心が折れそうになった時、それが機会となって、わが子と向き合うことができ、充実した日々を送れたと思っています。今だから言えることですね。

そして、もうひとつ。同じ方向を向いた経験から、安定した親子関係を得ることができたと感じています。ですから、子どもの巣立ちは、当然の成り行きと思えます。

「集中しろって、上司に言われた。仕事でミスしそうだったから、ガツンと言われてしまった」と、食事中わが子が話してくれました。「そうかぁ。それは大変だったね」と返すと、「仕方ないよなぁ。ミスをしたらいけない仕事だからな」と、その続きで上司のその後の対応のすごさを私に語ってくれました。

いろいろと上司に言われたのに、きちんと一目置いているんだ。いいねぇと思い、聞いていました。わが子が大人になっても、雑談として、自分の失敗を親に話してくれるんだと思うと、本当に安心できました。親として至福のひとときです。

頻尿だ、いじめられた、と心が折れそうになったわが子が、今では社会に出て、その仕事にプライドをもって、技術向上に努めています。ちょっとくらいの困ったこと、心が折れそうなことは、今のわが子は越えていけると感じました。

いや、正確には、心が折れそうなことがあるから、成長できるんだと、自分でも自然に思えているようで、安心しました。この先、わが子がどうなるかはわかりませんが、今のところは、なんとかやっています。

わが子が自分で心が折れないようにする真髄が見えた！

「小さなことを気にしすぎる」と、わが子のことをマイナス思考で見ていたのは、私でした。このことは短所でもあるのですが、長所にもさせてもらいました。小さなことを気にするので、人から言われたことはしっかりと受けとめる子になりました。

小学校高学年時の担任の先生の言ったことを受けとめ、つまりはとても気にして、宿題によく取り組むようになりました。担任の先生もよくほめてくださいました。ありがたいです。そのおかげで、家庭で学習するという習慣をつけることができました。

同時に本人自身が、中学受験に失敗したということも気にしたのでしょう。中学校、高校と進んでも、家庭学習が習慣化して、自信をつけていきました。

そこに便乗したのが私で、心が折れない子育てを心がけました。教師という仕事柄、自学自習に関する情報を集め、試行錯誤し、勉強を教えない方法でわが子と向き合い、大学受験に臨むことができました。つまり、勉強をコミュニケーションの手段にしたのです。

その軸は、本書に思いを込めた「体・心・智恵」のバランスでした。その結果、大学卒業後、わが子は自分で選んだ道として、自分が納得のいく生活を送ることができました。「自分で納得がいくこと」が、心が折れないようにする真髄でしょうね。

2 子どもを育てるって大変

「共依存」＝相手との関係に過剰に依存してしまうこと。そんな言葉を知ったのは、心理学を勉強してからでした。心が折れている子がいるから、一所懸命に向き合おうとやっていたのに、なんだか、こちらがヘンになっていったのです。

私の場合は、教師という仕事柄、使命感もあり、「この子をなんとかするのは私！」と、それなりに取り組んでいました。しかし気がつけば、校長先生や同僚がこの頑張りに理解や応援をしてくれないと感じたら、すぐに感情的になっていました。今から思うと、みなさんは応援してくださっていたのですが、私のほうが過敏になっていたのです。そうなんです。心が折れた子をなんとかするつもりが、こちらの心が折れそうになっていたのです。

それくらい、心が折れた子と向き合うこと、ひいては子どもを育てるということは大変なんですよね。いえ、向き合うこと自体は大変ではなく、いろいろ考えることや感じることがあり、やりがいがあるのですが、その周辺の雑用で、つい多忙になって大変になるのです。わが子に一所懸命になっている親さん、気をつけてくださいね。気をつけ方は、「過ぎたるは及ばざるがごとし」を意識することです。

子育ては、一話完結ではない

「私のせいだ。子どもの心が折れたのは私の責任だ」と感じると、落ち込んだり、イライラしたりして、元気がなくなってしまいます。しかし、子育てはそこで終わらないので、とにかく動き出さないといけないですよね。そうなんです。責任を問うている場合ではないし、そう簡単に自分は変えられないし、ということで、「この親で」「この子で」進むのです。

そのやり進む拠り所は、やっぱりわが子のかわいさですね。「子どもの素」が、それ自体、癒しになります。子どものかわいさを感じて、責任問題や共依存に振り回されようが、「親としての素」を感じてくださいね。それは、子どもというのはかわいいもので、見守りたくなるもの、ということです。

この「子どもを愛しい」と思う本能で、子育てに取り組み続けてください。子どものかわいさで笑顔になることに感謝しつつ、今を味わってください。子育ては一話完結ではありません。わが子の心が折れたって、その先があり、ドラマは続くでしょう。

さて、最後にここであらためて、教師として親として、笑顔にさせてくれた多くの子どもたちに感謝します。またその子たちの後ろで一所懸命に頑張っている親さんに出会えたことも感謝しています。

さらには今、出会えている、本書を読んでくださったみなさんにも感謝しています。応援しています。そして、こうして赤い糸をつなげてくださった同文舘出版の古市編集長や津川さんに感謝しています。ありがとうございます。

2015年8月

子と親の教育師　水野まさこ

著者略歴

水野　まさこ（みずの　まさこ）

子と親の教育師　教育カウンセラー　日本カウンセリング学会認定カウンセラー
エデュケーショナルブーケ代表。岐阜県生まれ。小学校現場教師経験36年。同僚や校長からは、クラスの挙手の多さや平均点のよさから「伝説の授業者」と言われた。学力向上や心のサポートに夢中になるが、一方でわが子を放任。その結果、わが子は私立中学入試を失敗し、心が折れそうになる。また、学校崩壊を起こした子が自宅にやってきたことを機会に、心理学の修得に努め、学会認定カウンセラーとなり、心が折れた子や折れそうな子とその親さんたちと向き合い、親身に手助けをし、多くの実績を残した。同時にわが子とも向き合い、家庭教育のあり方を見直した。現在、わが子は外科医となり、多忙の中にも心の交流ができる関係が続いている。
学校現場を離れ、フリーの教育師となり、その名称のごとく、教え・育む支援を行なっている。子どもには学力を核に接し、親とは「親が変わらないといけない」ではなく、「親も育っていけばいい」というスタンスで支援している。

エデュケーショナルブーケ　eメール：masako@edu-bouquet.jp
学校教育や塾にはない、オリジナルな事業内容を企画する教育室です。36年間の教師生活と母親としての子育てで得た学力向上の方法を本音でお伝えし、お子さんの生まれ持った才能を発揮させます。

わが子を「心が折れない子ども」に育てる方法

平成27年9月16日　初版発行

著　者 —— 水野　まさこ

発行者 —— 中島治久

発行所 —— 同文舘出版株式会社

東京都千代田区神田神保町1-41　〒101-0051
電話　営業03（3294）1801　編集03（3294）1802
振替00100-8-42935
http://www.dobunkan.co.jp/

ISBN978-4-495-53191-1
印刷／製本：萩原印刷
Printed in Japan 2015